KB113706

개미투자자들의 아버지 윌리엄 번스타인의
투자자 불패본능의 법칙

케이트, 조한나, 맥스에게
도움이 되기를...

THE INVESTOR'S MANIFESTO

개미투자자들의 아버지
윌리엄 번스타인의

투자자
불패본능의
법칙

윌리엄 번스타인 지음

김태훈 옮김 | 한진규 감수

⬤ 연암사

▲
▼
▼

차   례

▲

Chapter 1   금융의 역사 21

Chapter 2   야수의 속성 35

Chapter 3   포트폴리오의 속성 91

Chapter 4   거울 속의 적 117

추 천 사

 투자자문가이자 신경과 의사, 경제사학자, 베스트셀러 저자, 금융전 문가인 윌리엄 번스타인은 내가 알고 있는 사람들 중에서 가장 똑똑하고 사려 깊은 사람이다. 그는 자신의 식견을 나누는데 인색하지 않아서 존경스럽기까지 하다. 나는 「월스트리트 저널」의 개인금융 칼럼니스트로 13년 동안 활동하면서 글감이 궁할 때마다 그의 도움을 받았다.

 "요즘은 무슨 생각을 해요?" 마감을 앞두고 도저히 글감이 떠오르지 않으면 그에게 전화를 걸어 묻곤 했다. 그때마다 영감을 주는 이야기를 내게 들려주었다. 비교적 늦은 나이에 금융으로 관심을 돌린 번스타인은 월가의 방식에 오랫동안 익숙해진 사람들이 가지지 못하는 열정과 통찰을 갖고 있다.

 여러분은 이 책에서 간결한 내용과 약간의 유머로 전달되는 그의 열정과 통찰을 발견하게 될 것이다. 내가 모든 면에서 그의 생각에 동의하는 것은 아니지만 우리가 공통적으로 확신하는 것은 있다. 머리글에 있는 내용을 그대로 옮기면 지난 금융위기는 '배움의 시간'이었다는 것이다. 이 시간은 한 세대에 한 번 있을 수 있는 최고의 투자기회일 수도 있다.

 그러면 2008년과 2009년에 걸쳐 일어난 금융위기에서 배워야 할 교훈은 무엇일까? 여러분은 앞으로 이 책에 나올 내용을 통해 그 교훈을 배우게 될 것이다. 여기서는 맛보기용으로 중요하면서도 깨닫기 힘든 교훈을 다섯 가지만 간추려보고자 한다.

1. 우리는 생각하는 것만큼 용감하지 않다

많은 수익을 얻으려면 그만큼의 위험을 감수해야 한다. 2009년의 주식시장은 분명히 위험해보였다. 그렇기 때문에 오히려 낙관적인 전망을 가질 수 있다. 그러나 앞으로 2, 3년 동안 주가가 많이 오르더라도 시장의 위기에 직면하여 당황한 나머지 성급한 결정을 내린다면 보상은 얻을 수 없을 것이다.

당신은 성공투자에 필요한 자질을 갖추었는가? 지금이 바로 당신이 어느 정도의 위험을 감수할 수 있는지 가늠할 최고의 기회일지도 모른다. 만약 당신이 2008년과 2009년에 걸친 급락장을 묵묵히 견뎌냈다면 주식에 많은 투자비중을 두어도 된다. 반대로 금융위기에 따른 공포와 손실에 대한 걱정으로 잠을 이루지 못했다면 보수적인 투자상품의 비중을 늘려야 할 것이다.

2. 레버리지가 독이 될 수 있다

대부분의 사람들은 자동차 대출은 자동차에, 주택 대출은 주택에, 신용카드 한도는 여름휴가에 따로 떼어서 결부시킨다. 그러나 이 개별적인 빚들은 실질적으로 전체 자산에 대한 레버리지로 작용한다. 지난 10년 동안의 대출잔치가 주가 급락 및 집값 급락으로 된서리를 맞으면서 이 단순한 진리는 더욱 자명해졌다.

가령 당신이 2008년에 40만 달러짜리 주택, 20만 달러어치의 주식투자액, 30만 달러의 부채를 가졌다고 가정하자. 당신의 주식투자액이 10만 달러, 집값이 35만 달러로 떨어진다면 전체 자산의 25퍼센트가

줄어든 셈이다. 근본적인 타격은 총자산에서 총부채를 뺀 순자산이 50
퍼센트나 감소했다는 것이다.

3. 집은 은퇴자산이 될 수 없다

최근의 집값 급락으로 '부동산 불패신화'가 깨졌다. 그러나 과거처럼
해마다 집값이 뛰지 않는데 여전히 집을 은퇴자산의 일환으로 보는 사
람들이 많다.

물론 은퇴한 후에 작은 집으로 옮기거나 역모기지 대출을 받으면 주
택 자산의 일부를 활용할 수 있다. 그러나 부동산 거래에는 많은 비용
이 들고, 역모기지 대출 수수료도 무시할 수 없다. 게다가 살 집은 있어
야 한다. 따라서 집은 투자개념이 아니라 소비개념으로 접근하는 것이
좋다.

4. 저축해야 한다

더 이상 집값 상승과 주가 상승을 당연시할 수 없다면 어떻게 해야
할까? 답은 자명하다. 무조건 저축을 해야 한다.

지난 금융위기는 저조한 미국의 저축률을 옹호하는 어리석은 주장들
을 잠재우기에 충분했다. 1990년대에 금융전문가들은 주식 자산이 크
게 증가했기 때문에 저축을 할 필요성이 없다고 주장했다. 하지만 최근
에는 그 근거가 엄청나게 오른 집값으로 대체되었다.

그러나 이제는 주식 자산과 주택 자산의 가치가 크게 떨어졌다. 1990
년대의 주가 상승과 2000년대 초중반의 집값 상승은 미래의 가치를 당
겨쓴 것에 불과했다. 결국 미래라는 빚쟁이는 가차없는 회수에 나섰다.
이 일이 준 교훈은 투자 수익을 핑계로 저축을 줄여서는 안 된다는 것

이다. 투자 수익은 언제 투자 손실로 바뀔지 모르기 때문이다.

5. 스마트머니Smart Money는 생각보다 똑똑하지 않다

2000년대 초중반은 소위 스마트머니가 헤지펀드나 사모펀드처럼 일반인들이 접근할 수 없는 투자영역을 넘나들며 선망의 대상이 되었다. 뮤추얼 펀드에 투자하는 것이 고작이었던 일반인들은 그들이 현란한 투자기법으로 쏠쏠한 수익을 올리고 있다고 생각했다. 그러나 버니 매도프Bernie Madoff에게 투자했던 사람들은 쏠쏠한 수익은커녕 투자액을 고스란히 날리고 말았다. 스마트머니는 우리가 상상하는 것보다 똑똑하지 않다.

책 소개는 이 정도에서 마치려고 한다. 이제는 저자의 목소리를 직접 들어볼 시간이다. 장담하건대 여러분은 이 책을 읽고 나면 더 현명해질 것이고, 더 부유해질 것이다.

조너선 클레멘츠

마지막으로 투자서를 출판한 지 거의 8년이 지났다. 사실 투자서를 다시 쓸 생각은 없었다. 거기에는 두 가지 이유가 있다.

첫 번째 이유는 투자이론이 협소한 영역이기 때문이다. 그래서 분명하게 정립된 내용들이 그다지 많지 않다. 설령 전문투자자라고 하더라도 습득해야 할 지식의 양은 생각보다 적다. 주요 논문들의 목록도 백 단위를 넘기지 않는다. 반면 의학, 사회학, 과학 같은 분야의 주요 논문들을 모으면 서재를 채우고도 남을 것이다. 나는 두 권의 책에서 하고 싶은 말을 거의 다 했다. 적어도 지금까지는 말이다.

2008년과 2009년에 걸쳐서 발생한 금융위기는 전 세계의 투자시장을 뒤흔들어 놓았다. 그래서 새로운 이야기를 할 필요가 생겼다. 지금은 배움의 시간이다. 나는 이 기회를 빌어 불변의 투자원칙들을 명확하고 간결하게 설명하고자 한다.

가치투자의 아버지인 벤저민 그레이엄Benjamin Graham은 1934년에 『증권분석』을 썼다. 주식과 채권의 가치에 대한 평가방법을 설명하는 이 책은 지금도 투자자들의 필독서로 꼽힌다. 나를 매료시킨 그레이엄의 유려하면서도 체계적인 문장은 투자서 저자들의 귀감이 될 만하다. 그는 황폐화된 금융시장 덕분에 헐값에 사들일 수 있었던 우량기업의 주식과 채권의 진정한 가치를 조명했다. 하지만 당시의 투자환경은 지금과 많이 달랐다.

그레이엄은 가치투자의 창시자로서 객관적인 분석을 통해서 여유자금이 있으면서 주식을 사지 않는 것은 어리석은 짓이라는 결론을 내렸다. 그리고 주식과 채권에 반반씩 투자하라고 권했다. 지금의 시각으로 보면 보수적이지만 1934년에는 무모해 보이는 투자전략이었다.

『증권분석』을 처음 읽었을 때 금융시장에 대한 그레이엄의 묘사는 로마의 몰락을 다룬 B급 영화처럼 느껴졌다. 약간의 흥미를 느끼기는 했지만 비교적 평온한 현대의 금융시장과는 거리가 멀다고 생각했다.

그러나 나의 생각은 완전히 빗나갔다. 영원히 평온할 줄 알았던 금융시장은 2008년과 2009년에 1934년과 비슷한 상황으로 곤두박질쳤다. 어쩌면 멀지 않은 미래에 같은 일이 반복될지도 모른다. 대공황의 시기처럼 지금도 용기와 원칙 그리고 자금을 가진 사람들은 큰 수익을 기대할 수 있다. 지금이 바로 장기 보유 주식을 사들일 적기인 셈이다.

투자서를 더 이상 쓰지 않기로 한 두 번째 이유는 투자이론의 성격이 아니라 개인적인 생각에 따른 것이었다. 성공투자에 필요한 자질을 갖춘 사람은 극소수다. 사실 이 점을 인정한다는 것은 힘들다. 특히 나처럼 적절한 방법만 알면 누구나 돈을 벌 수 있다는 전제로 투자서를 두 권이나 낸 사람은 더욱 그렇다. 하지만 그 전제는 틀렸다. 나는 오랫동안 수많은 투자자들을 접한 후 극소수만이 돈을 제대로 관리할 수 있다는 슬픈 결론을 내릴 수밖에 없었다.

성공투자자가 되려면 네 가지 자질이 필요하다. 첫째, 재테크에 진정한 흥미를 가져야 한다. 재테크는 아이 키우기나 정원 가꾸기와 크게 다르지 않다. 열정을 가지지 않으면 나쁜 결과를 낼 수밖에 없다. 대부분의 사람들은 재테크 공부를 치과 가기만큼 꺼린다.

둘째, 단순한 계산 수준을 넘어서 표계산 프로그램까지 활용할 수 있는 수학적 능력이 필요하다. 투자이론의 기본을 갖추려면 확률과 통계를 이해할 줄 알아야 한다. 그러나 90퍼센트의 투자자들은 분수의 개념을 이해하는 것조차 힘들어 한다고 한 금융 칼럼니스트가 말해 주었다.

셋째, 튤립 투기부터 대공황까지 금융사에 대한 지식을 갖추어야 한다. 그러나 전문투자자들조차 제대로 된 지식을 갖추고 있지 않다.

위에서 말한 세 가지 자질을 갖추었다고 하더라도 네 번째 자질을 갖추지 못하면 아무 소용이 없다. 그것은 설령 자본주의 경제의 종말이 닥치더라도 계획된 전략을 충실하게 따를 수 있는 자제력을 말한다. 순풍이 불 때는 항로를 지키라는 말이 너무나 쉽게 들린다. 그러나 역풍이 불기 시작하면 상황은 완전히 달라진다.

지금까지 말한 자질을 지닌 사람은 항목별로 10퍼센트를 넘지 않을 것이다. 다시 말해서 네 가지 자질을 모두 갖춘 사람은 만 명 중 한 명$_{10}$_{퍼센트의 4승} 정도에 불과하다. 어쩌면 내가 너무 비관적일 수도 있다. 하지만 네 가지 자질은 완전히 독립적인 게 아니다. 수학적 지능을 가진 사람이라면 재테크에 관심이 많을 것이고, 금융사를 공부했을 가능성이 높다.

그러나 낙관적으로 각 항목에 해당할 확률을 30퍼센트로 높여도 자산을 제대로 관리할 자질을 두루 갖춘 사람은 여전히 소수에 머문다. 설령 기술적인 요건을 충족시킨다고 해도 용기라는 심리적 요건이 필요하다. 전설적인 투자자인 찰리 엘리스Charley Ellis가 말한 '심리 게임'을 할 수 있는 능력은 나머지 세 요건과는 완전히 별개다. 투자세계는 어떻게 해야 하는지 알면서도 행동에 옮기지 못했던 사람들의 무덤으로 꽉 찼다.

한두 세대 전까지만 해도 일반인들은 투자능력이 뒤떨어져도 크게 문제될 것이 없었다. 어차피 대부분의 미국인들은 투자할 돈이 없었고, 대기업 종사자들은 전문가들이 자금을 운용하고 은퇴 후 받을 금액도 정해져 있는 확정급여형연금defined-benefit pension으로 노후를 대비했다.

그러나 전통적인 확정급여형연금은 401k나 403b 혹은 457s처럼 가입자가 납입금과 자금운용방식을 결정하는 확정기여형연금defined-contribution pension에 자리를 내주고 말았다. 이유는 알 수 없지만 권력자들은 평범한 직장인이 직접 투자를 관리해야 한다고 결정했다. 이러한 조치는 일반인이 직접 항공기를 몰거나 수술 집도를 기대하는 것과 다를 바 없다. 비유가 지나치다고 생각하는가? 대부분의 미국인에게 은퇴자금을 마련하기 위한 포트폴리오를 관리하는 일은 항공기를 몰거나 수술을 하는 일만큼 어렵다.

사실 어느 정도 똑똑한 사람은 10시간 정도의 교육을 받으면 경비행기를 혼자서 몰 수 있다. 또한 의사들은 간단한 수술은 평균 이상의 지능을 가진 침팬지에게 가르칠 수 있다는 농담을 한다어려운 부분은 수술하는 방법을 아는 것이 아니라 언제 수술해야 하고, 수술 전후에 어떻게 조치해야 할지 아는 것이다. 반면 지난 금융위기에서 드러났듯이 금융계의 최고 두뇌집단들도 갑작스런 사태를 피하지는 못했다.

나는 투자를 사랑하고 투자서를 쓰면서 큰 즐거움을 얻는다. 싫든 좋든 누구나 포트폴리오 관리자가 되어야 하는 시대에 일반투자자를 돕는 일은 보람 있기 때문이다. 그러나 문제는 현실적으로 도움이 되는 경우가 드물다는 것이다. 그래서 이 책은 인지 부조화로 가득하다.

상황이 그렇다고 할지라도 현재 시장상황을 고려할 때 쉽게 이해할 수 있는 투자서를 쓰고 싶다는 욕망을 이길 수는 없었다. 솔직히 첫 번째 책인 『현명한 자산 배분자The Intelligent Asset Allocator』는 그런 면에서 성공적이지 않았다. 대체로 좋은 평가를 받았지만 읽는 도중에 잠들었다는 말을 들었을 때는 기분이 좋지 않았다. 그래서 두 번째 책인 『투자의 네 기둥The Four Pillars of Investing』은 독자층을 투자 문외한으로 설정했다. 이번에는 이전과 같은 불평이 줄어들었다. 그러나 여전히 표나 그래프 혹은 사례가 복잡하다는 평가가 나왔다.

세 번째 책인 이 책은 포트폴리오 관리자가 되고 싶지 않은 모든 사람들을 대상으로 썼다. 다소 복잡한 수학적인 내용은 별도의 글상자로 분리시켰다. 이는 수학적인 지식을 갖춘 독자들이 내용을 보다 정확하게 이해하는데 도움을 줄 것이다.

이 책의 첫 3장은 투자와 포트폴리오 설계의 이론적 기반을 다룬다. 금융사에 대한 내용도 많이 나올 것이다. 그 이유는 두 가지다.

첫째, 이론은 복잡하다. 인간은 이야기의 형태로 복잡한 주제를 소화한다. 그렇게 하면 어려운 내용을 보다 쉽고 재미있게 이해할 수 있기 때문이다. 아인슈타인은 나란히 달리는 두 기차에 탄 승객을 예로 들어서 상대성이론을 설명했다. 이 방법은 상대성이론을 쉽게 이해시켰을 뿐만 아니라 아인슈타인이 이론을 정립하는 과정에도 도움을 주었다.

둘째, 아무리 투자이론에 정통해도 현재의 사건을 차분하게 바라보는 장기적인 관점이 뒷받침되지 않으면 소용이 없다. 간단한 사례를 하나 들어보자. 1994년에 살로몬 브라더스의 임원 출신인 존 메리웨더John Meriwether는 노벨상 수상자인 마이런 숄즈Myron Scholes, 로버트 머튼Robert Merton 등 미국 최고의 두뇌집단과 최고의 금융 천재들을 모아서 롱텀 캐피털 매니지먼트LTCM를 세웠다. 그들은 누구보다 옵션 투자전략과 관계된 수학에 정통할 뿐만 아니라 많은 투자전략을 직접 발명하기까지 했다.

몇 년 동안 그들의 전략은 마술처럼 통했다. 덕분에 롱텀 캐피털 매니지먼트는 40퍼센트가 넘는 수익률을 기록했다. 그러나 한 가지 문제가 있었다. 그들은 광범위한 기간에 걸친 데이터의 필요성을 느끼지 못했기 때문에 짧은 기간에 국한된 데이터를 기초로 투자전략을 세웠다.

만약 긴 기간에 걸친 데이터를 기초로 투자전략을 세웠다면 거의 10년마다 시장의 역학이 완전히 뒤바뀌는 때가 온다는 사실을 깨달았을 것이다.

1997년에 아시아에서 금융위기가 발생하면서 롱텀 캐피털 매니지먼트의 성공가도에 제동이 걸렸다. 이듬해에는 금융위기의 파장에 휩쓸린 러시아가 일부 채무에 대한 디폴트를 선언했다. 그 결과 선진국의 국채를 제외한 거의 모든 금융자산의 가격이 일제히 곤두박질쳤다. 이러한 사태는 롱텀 캐피털 매니지먼트가 참고한 데이터가 형성된 기간에는 일어나지 않았던 일이었다. 결국 롱텀 캐피털 매니지먼트는 연방준비위원회가 파장을 걱정하는 가운데 파산하고 말았다. 말하자면 메리웨더와 파트너들은 수학 문제는 잘 풀었지만 역사 문제를 틀리는 바람에 낙제의 고배를 마셔야 했다.

지금의 시장상황은 여러모로 특별하지만 과거에 투자자들을 덮쳤던 위기의 과정들을 잘 아는 사람은 쉽게 윤곽을 파악할 수 있다. 가령 롱텀 캐피털 매니지먼트의 몰락을 공부했다면 지난 금융사들의 부도사태에 무방비로 당하지는 않을 것이다. 중요한 일은 위기가 발생하는 시기를 예측하는 것이 아니라_{그것은 불가능하다}, 위기가 발생할 것을 인지하는 것이다. 그리고 그 점을 고려하여 장기 투자전략을 세우는 것이다.

일련의 금융위기를 소개하는 1장과 2장을 읽고 나면 리스크를 분산해야 할 필요성을 절감하게 될 것이다. 3장에서는 투자의 여신이 부리는 변덕 때문에 입는 피해를 줄일 수 있는 포트폴리오를 구성하는 방법을 소개할 것이다.

1장에서 3장까지는 망원경을 동원하여 금융사와 투자이론을 폭넓게 다룬다면 4장에서는 현미경을 동원하여 투자자들이 부딪히는 최고의 적, 바로 자신의 내면을 다스리는 방법을 다룬다.

대부분의 투자자들이 포트폴리오를 망가뜨리는 이유는 인간의 본성이 투자에 해로운 온갖 성향을 지녔기 때문이다. 대표적으로 두 가지를 들자면 과신과 단견이 있다. 1998년에 「월스트리트 저널」 기자인 그렉 입Grep Ip은 이 두 가지 약점을 분석하는 기사[1]를 썼다. 그 해 6월과 9월 러시아 디폴트 사태 및 롱텀 캐피털 매니지먼트 파산 사태의 전후에 갤럽이 투자자들을 대상으로 이듬해 개인수익률과 시장수익률의 예상치를 조사한 바에 따르면 다음과 같은 결과가 나왔다.

예상 수익	1998년 6월	1998년 9월
개인수익률	15.2%	12.9%
시장수익률	13.4%	10.5%

이 표는 세 가지 사실을 말해준다. 첫째, 예상수익률이 너무나 낙관적이다. 이 수치는 주요 시장 가운데 가장 높은 수익률을 올리는 미국 시장의 장기 수익률보다 높다.

둘째, 응답자들은 평균적으로 시장수익률보다 약 2퍼센트 높은 개인수익률을 기대했다. 결국 시장은 모든 투자자들의 합이라는 사실을 감안할 때 특기할 만한 점이 아닐 수 없다. 게다가 평균적인 투자자들은 거래비용 때문에 시장수익률을 따라잡지 못한다. 아무리 적은 비용이라도 수십 년 동안 쌓이면 적지 않은 금액이 된다.

셋째, 여름의 하락장 이후 예상수익률이 줄어들었다. 투자에 있어서 가장 분명한 진리는 적게 지불할수록 더 많은 수익을 기대할 수 있다는 것이다. 따라서 대부분의 경우, 가격이 하락하면 예상수익률이 높아져야 한다. 그러나 응답자들의 반응은 정반대였다. 그들은 주식이 비쌀 때 오히려 더 높은 수익률을 기대했다.

이 사실에서 알 수 있는 점은 투자자들이 자신의 투자능력을 과신할 뿐만 아니라 최근의 수익률로부터 비합리적인 영향을 받는다는 것이다. 6월의 예상수익률은 기술주 거품이 일었던 1990년대의 높은 수익률 때문에 크게 부풀려졌다. 당시에는 어지간한 사람이면 누구나 연 20퍼센트의 투자 수익을 올릴 수 있었다.

그러나 장기 시장수익률을 살펴보면 10퍼센트 정도가 적당한 수치였다. 또한 미래 수익률을 예측하는 가장 보편적인 방법을 적용하면 수익률은 더욱 낮아질 것으로 전망되었다. 게다가 투자자들의 예측은 논리적인 판단과 정반대로 주가와 같은 방향으로 움직였다.

5장과 6장은 앞에서 세운 투자전략을 현실적으로 실행하는 방법에 초점을 맞춘다. 투자이론과 금융사 그리고 자기절제법을 익혔다면 이 일은 쉽게 할 수 있다. 내가 강조하는 원칙은 세 가지다.

첫째, 탐욕을 삼가야 한다.

둘째, 가능한 폭넓게 분산시켜야 한다.

셋째, 언제나 투자업계를 경계해야 한다.

투자은행이나 증권사 혹은 펀드사에 입사하려는 사람들은 초등학교나 소방서에 들어가려는 사람들과는 동기가 다르다. 그들은 맹수들이 득실거리는 밀림에서 삶과 죽음이 걸린 제로섬 게임을 벌인다. 철저하게 대비책을 세우지 않으면 금융서비스 산업은 투자자들의 재산을 눈 깜짝할 사이에 먹어치울 것이다.

이 책을 구명보트 사용설명서라고 생각하라. 전 세계적으로 수많은 사람들이 거친 투자의 바다에 내던져졌다. 상황은 그 어느 때보다 위험하지만 오히려 더 많은 보상도 기대할 수 있게 되었다. 독자들이 무사히 해변까지 도착하는 데 이 책이 도움이 되기를 바란다.

오레곤, 노스 벤드에서
윌리엄 번스타인

Chapter 1

금융의 역사

A Brief History of Financial Time

인생에서 중요한 대화는 대부분 점심식사 자리에서 오간다.

나는 2000년의 어느 날 맨해튼의 한 중국 레스토랑에서 유명한 헤지펀드 매니저이자 금융전문가인 친구와 점심을 먹었다. 우리는 당시 금융계에 종사하는 사람들의 고민거리인 높은 수준의 주가를 어떻게 해석할 것인지에 관해 이야기를 나누었다.

"투자자들이 똑똑한 건지, 멍청한 건지 알 수가 없어."라고 친구가 말문을 열었다. 그는 의아해하는 내 표정을 보며 말을 이었다. "리스크 프리미엄이 여전히 높으면 주가가 평균으로 회귀할 테니 투자자들이 정말로 멍청하다는 뜻이 되고, 반대로 리스크 프리미엄이 지난 10년 동안 낮아졌다면 주가가 평균으로 회귀하지 않을 테니 투자자들이 정말로 똑똑하다는 뜻이 돼." 이 말은 도대체 무슨 의미이고, 이 말이 중요한 이유는 무엇일까?

그의 말을 쉽게 풀이하자면 이렇다. '과거에는 리스크가 아주 높았기 때문에 투자수익률도 높았다. 그러나 이제는 주가가 너무 올라서 두 가지 가능성만 남았다. 그것은 크게 떨어진 후 더 높은 수익률을 기록하거나이 경우 투자자들은 현재 아주 높은 가격을 치르고 있기 때문에 멍청한 행동을 하는 셈이다, 폭락하지 않는 대신 향후 수익률이 지속적으로 낮게 형성되는 것이다이 경우 투자자들은 똑똑한 선택을 한 것이 된다. 과연 어느 쪽일까?

사실 투자자들의 여부는 부차적인 문제였다. 내 친구가 던진 의문은 투자의 핵심에 관한 것이었다. 리스크와 보상의 상관관계 말이다.

1990년대 중반부터 사람들은 리스크/보상의 상관관계를 잊어버렸다. 2000년과 2002년에 걸친 기술주 거품의 붕괴가 잠시 경각심을 일깨우기는 했지만 그 피해는 지속적인 인상을 남길 만큼 크지 않았다.

반면 2009년이 되면서 투자자들은 리스크를 분명히 인식하게 되었다. 이 인식이 1929년과 1932년에 걸친 대폭락 이후처럼 한 세대 동안 지속될 것인지, 아니면 2002년 이후처럼 채 일 년을 이어가지 못할지는 아직 알 수 없다. 어찌 되었든 간에 지난 금융위기는 완전히 뒤바뀐 투자환경을 되돌아보는 기회를 제공했다. 이 책은 리스크와 보상의 관계, 그리고 그것이 현재의 투자환경에서 투자자들에게 미치는 의미에 초점을 맞출 것이다.

기 원

리스크와 보상에 대한 이야기를 이해하려면 문명의 초창기로 거슬러 올라가야 한다. 천 년에 걸친 투자의 역사는 세 부분으로 나눌 수 있다. 그것은 대부 자본loan capital의 탄생, 주식의 발전, 자본시장의 성장이다.

문명 발생의 초기부터 소비자들은 농부와 상인에게서 상품을 구매했으며, 이 세 주체는 모두 자본을 빌릴 필요가 있었다. 실제로 오늘날의 이라크에 해당하는 메소포타미아에서 발견된 해석 가능한 가장 오래된 점토판에는 외상 거래 내역이 설형문자로 새겨져 있다. 당시 사람들은 외상으로 음식과 주거지를 구매했고, 농부들은 외상으로 종자와 농기구 그리고 노예를 구매했으며, 상인들은 외상으로 교역에 필요한 낙타, 배, 짐꾼, 상품을 구매했다.

돈은 다른 상품과 마찬가지로 일정한 가치가 있다. 소위 '돈'으로 인식되는 금화, 은화, 동화는 기원전 7세기 후반에 소아시아 지방의 리디아에서 처음 만들어졌다. 그러나 그 이전부터 보편적으로 통용되는 거의 모든 상품이 화폐의 기능을 대신했다. 금화, 은화, 동화가 통용되기 수천 년 전부터 곡물, 은괴, 가축이 일종의 자본으로 활용되었다.

고대의 농부들에게는 한 자루의 종자나 한 마리의 가축도 충분한 자본이었다. 그들은 한 해 동안 종자나 가축을 빌렸다가 대개 이듬해에 두 배 이상으로 갚았다. 이러한 관행은 지금도 원시농경부족에서 발견된다. 농경 시대의 초기에 '자본비용' 혹은 '이자율'로 불리는 투자수익률은 연간 100퍼센트에 달했던 셈이다.

그러면 왜 이렇게 수익률이 높았던 것일까? 거기에는 적어도 두 가지 이유가 있다. 첫째, 공급이 부족했다. 고대의 농경 사회는 자본에 대한 수요는 넘치는 반면 빌려줄 잉여자본은 귀했기 때문에 자본을 소유한 부농이나 상인은 높은 대가를 요구할 수 있었다. 둘째, 빚을 돌려받지 못할 위험이 컸다. 당시에는 국채 같은 안전한 투자상품이 존재하지 않았으며, 채무자로부터 빚을 돌려받지 못할 가능성이 대단히 높았다. 북유럽 국가들이 안전한 채권을 제공하기 시작한 중세 후기까지 이러한 위험은 지속되었다.

그러면 공급 부족과 디폴트 위험 가운데 어떤 요소가 높은 금리의 근본적인 이유로 작용했을까? 나는 수급 불균형이 결정적인 요인이라고 생각한다. 사실 채권자들은 언제나 디폴트에 대비하여 담보를 요구해왔다. 고대에는 빚을 갚지 못할 경우 채무자의 재산 전부를 압류하거나 본인 내지 가족을 노예로 삼는 식으로 가혹하게 담보를 잡았다. 이처럼 극단적인 조치로 디폴트 위험에 어느 정도 대비할 수 있었기 때문에 자본의 공급이 유지되었다. 채권자보다는 채무자에게 유리한 법규는 자본의 공급을 제한하는 결과를 가져온다. 그러면 결과적으로 채무자에게 득보다 실이 많을 수밖에 없다. 파산법은 필연적으로 이러한 부작용을 수반한다.

수세기에 걸쳐 부가 점진적으로 증가하면서 자본은 더욱 풍부해지고 그 가격_{이자율}은 떨어졌다. 기원전 3천 년 경 수메르인들은 종자를 빌릴 때는 연간 33퍼센트, 은을 빌릴 때는 연간 20퍼센트의 이자를 지급했다. 그로부터 천 년 후 바빌론인들은 은을 빌릴 때 연간 최저 10퍼센트의 이자를 지급했다. 그로부터 다시 천 년 후 그리스인들은 최저 6퍼센트의 이자를 지급했으며, 로마 제국의 전성기 무렵 이자율은 최저 4퍼센트까지 떨어졌다.[1]

내가 고대사에 몇 페이지를 할애하는 이유가 무엇이라고 생각하는가? 그 이유는 자본의 소비자가 있는 곳에는 공급자가 있기 때문이다. 투자자는 자본의 공급자이기 때문에 이 대목에서 여러분이 관련된다. 소비자가 치르는 자본비용은 투자자의 수익이 된다. 투자를 제대로 이해하려면 소비자의 입장에서 리스크와 보상을 바라볼 줄 알아야 한다.

지금까지는 주로 '채무 금융'을 중심으로 자본의 수급을 다루었다. 그러나 자본을 공급하는 다른 방식도 있다. 시간이 흐르면서 소유지분을 취하는 대가로 돈을 빌려주는 '지분 금융'이 생겨났다. 이 경우 채권자는 자산 및 미래 수익에 대한 지분을 받고 돈을 빌려준다.

채무자의 입장에서 지분 금융은 채무 금융보다 덜 위험하다. 사업이 망해도 남은 자산에 대한 투자자의 지분 이외에는 빚을 질 필요가 없기 때문이다. 반대로 채권자의 입장에서는 그냥 돈을 빌려주는 것보다 자본을 잃을 위험이 더 크다. 또한 투자에 대한 잠재 수익을 계산하기도 대단히 어렵다. 일이 잘되면 대박이 날 수도 있고, 일이 잘못되면 쪽박을 찰 수도 있다.

현대 기업들은 은행 대출이나 채권 발행을 통한 채무 자본과 주식 발행을 통한 지분 자본을 모두 활용한다. 이때 은행과 채권보유자들이 먼저 돈을 돌려받고 그 다음에 지분보유자_{잔여청구권자}들이 남은 자금을 나눈다.

> 주주는 가장 마지막에 돈을 빌려준 대가를 받는 위험을 감수한다. 따라서 먼저 돈을 돌려받는 채권보유자들보다 평균적으로 더 높은 수익을 올릴 자격이 있다.

높은 손실 리스크, 미래 수익 예측의 어려움, 잔여청구권의 불리함이라는 세 가지 이유로 지분보유자들은 상당한 프리미엄을 요구할 수밖에 없다. 그것이 바로 내 친구가 앞에서 말한 리스크 프리미엄이다.

고유한 리스크 때문에 지분 투자는 비교적 늦은 시기까지 대규모로 발전하지 않았다. 고대부터 종종 개인들이 소기업의 소유권을 나누어 가지기는 했지만 중세에 들어서야 최초의 합자기업들이 등장했다. 1150년 무렵 남프랑스 바자끌Bazacle 지역의 한 물방앗간이 소유권을 지분으로 나누었다. 또한 18세기에 파리 증권거래소가 열려서 사회주의 정부가 국유화에 나선 1946년까지 활발하게 주식이 거래되었다.[2]

1600년 무렵에는 영국 동인도 회사와 네덜란드 동인도 회사가 수익성 높은 향신료 무역에 필요한 자본을 모으기 위해 지분을 팔았다. 두 회사가 자본을 확보하는 양상은 두 국가의 힘과 부의 차이 그리고 투자자 보상방식의 차이에 대하여 많은 점을 시사했다.

당시 영국은 자본시장이 존재하지 않는 뒤처진 국가였다. 영국 동인도 회사의 설립을 허가한 엘리자베스 1세는 현대의 기준으로 보면 부패한 군주로서 주로 왕실의 땅을 임대하거나 측근들에게 독점사업권을 팔아서 돈을 챙겼다. 여왕에게 돈을 빌려주는 사람들은 왕족들이 마음대로 채무를 이행하지 않는 경우가 많았기 때문에 높은 이자율을 요구했다.

튜더 왕조 시대에는 자본비용, 즉 이자율이 높았다. 넉넉한 담보를 제공하는 경우에도 이자율이 10퍼센트에서 14퍼센트에 달했으며, 리스크가 큰 경우에는 그보다 더 높았다.[3] 성공 여부가 불확실했던 영국 동인도 회사는 돈을 빌릴 수도 없었고, 지분을 사려는 사람도 없었다. 그래서 교역에 나설 때마다 이익에 대한 즉각적인 청구권을 제공하고 돌아오면 바로 지불하는 일을 반복했다. 한마디로 영국 동인도 회사는 지속적인 운영에 필요한 안정된 자본을 확보하지 못했다.

하지만 영국 동인도 회사의 사업은 큰 성공을 거두었다. 덕분에 투자자들은 종종 100퍼센트가 넘는 수익을 올렸다. 투자수익과 자본비용은 동전의 양면과 같다. 높은 투자수익은 기업이 높은 자본비용을 지불했음을 의미한다. 이러한 방식으로는 경제를 성장시키거나 국력을 키우기가 어렵다.

반면 네덜란드 동인도 회사는 발달한 자본시장의 덕을 톡톡히 누렸다. 16세기 후반에 지방정부나 신용 좋은 개인 채무자들은 연간 4퍼센트의 이자만을 지불했다. 네덜란드 동인도 회사는 주식을 상장하여 쉽게 지속적인 자본줄을 확보할 수 있었다. 투자자들은 정기적인 배당 외에 즉각적인 수익을 바라지 않았고, 회사는 필요한 대로 자금을 쓸 수 있었다.

네덜란드의 자본시장은 수익률이 낮은 대신 안정된 투자환경을 제공하여 활발한 기업활동의 토대를 제공했다. 반면 영국의 투자자들은 높은 수익률을 올리는 대신 높은 리스크를 감수해야 했다.

이제 우리는 내 친구의 의문을 풀기 위한 세 가지 요소 중 두 가지를 다루었다. 그것은 타인자본debt capital과 자기자본equity capital 그리고 각 자본비용의 차이, 즉 리스크 프리미엄이다. 보상을 파악하려면 거래되는 시장의 평가가 필요하다.

자기자본과 타인자본이 존재한다고 해서 시장이 저절로 형성되는 것은 아니다. 기원전 2500년에 메소포타미아에 사는 농부는 상대방과 합의만 하면 한 자루의 종자를 빌릴 수 있었다. 채권은 채권자의 자산이었지만 쉽게 다른 투자자에게 팔 수 없었다. 파리 증권거래소가 생기기 전까지는 바자끌에 있는 물방앗간의 지분 보유자에게도 사정은 마찬가지였다.

베 니 스 의   위 기

자본시장에 대한 본격적인 이야기는 5세기부터 시작된다. 로마제국이 무너진 후 한 무리의 난민들이 새로운 정착지를 찾아 나섰다. 그들은 아드리아해에 접한 이탈리아 북단의 환초 지역에 흩어진 섬들을 발견했다. 그들이 세운 도시국가인 베니스는 지중해의 해상무역과 함께 번성하기 시작했다. 10세기 무렵 베니스를 오가는 화물선들은 당시 가장 수익성 높은 상품들을 가득 싣고 다녔다. 바로 흑해 지역에서 구한 곡물과 노예, 동아시아에서 구한 향신료, 알렉산드리아와 카이로에서 선적한 향, 그리고 지구 먼 곳에서 온 다른 사치품들이었다.

베니스는 제노바와 오토만 투르크 등 강력한 이웃 국가나 무역 라이벌과 끊임없는 전쟁을 벌였다. 전쟁비용을 대기 위해 베니스 정부는 부유한 시민들에게 프레스티티Prestiti라는 세금을 부과했다. 프레스티티는 5퍼센트의 이자를 주는 일종의 국채였다. 당시 시중 이자율은 평화기에는 약 6퍼센트, 전시에는 15퍼센트에서 20퍼센트였기 때문에 베니스 정부는 프레스티티를 강매해야 했다.

시민들이 채권을 사면 재무부는 보유자로 등록된 사람에게 정기적으로 이자를 지급했다. 이후 타인 명의로 재등록하는 일이 가능해지면서 현대적인 의미의 채권시장이 탄생했다. '유통시장'이 베니스뿐만 아니라 다른 국가에도 생겨난 것이다.

그림 1.1은 1300년부터 1500년까지 2세기에 걸쳐 프레스티티의 가격 변동을 보여준다. 이 그래프는 가히 대하소설이라고 부를 만하다. 비교적 평온했던 첫 75년 동안 프레스티티의 가격은 액면가 근처에서 높게 유지되었다. 1375년까지만 해도 액면가의 92.5퍼센트에 해당하는 가격으로 거래되었다.

1377년과 1380년 사이에는 제노바와 전쟁이 벌어졌다. 이 기간의 초반에 군사적 패배가 아니라 재정적 압박 때문에 프레스티티의 가격이 폭락했다. 베니스 정부는 전쟁비용을 충당하기 위해 이자 지급을 중단하고 대규모로 신규 채권을 발행했다. 그 결과 프레스티티의 가격은 액면가의 19퍼센트 수준까지 떨어졌다. 1379년에는 제노바 군대가 베니스 남단의 키오자Chioggia를 점령하고 봉쇄에 들어갔다. 1380년에 패전의 위기에 놓인 베니스는 최후의 수단으로 키오자에 대한 역봉쇄작전을 펼쳤다. 이 작전이 주효해서 제노바 군대가 물러갔다.[4]

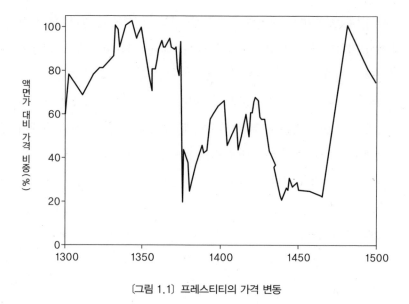

〔그림 1.1〕 프레스티티의 가격 변동

출처: 시드니 호머(Sidney Homer), 리처드 쉴라(Richard Sylla), 『이자율의 역사』
(A History of Interest Rates: John Wiley & Sons, 2005), 99, 107.

이후 베니스는 군사력을 키우기 위해 프레스티티를 지속적으로 발행했다. 그래서 정부 재정을 재건하기 전인 1482년까지 프레스티티의 가격은 계속 낮게 유지되었다.

그러면 이러한 중세사가 현대 시장과 관련하여 어떤 의미를 지닐까? 놀라운 일이지만 대단히 큰 의미를 지닌다고 말할 수 있다. 금융사의 초기에 형성된 프레스티티의 가격 변동은 리스크와 보상의 밀접한 관계를 보여주기 때문이다. 평화기에 유통시장에서 높은 가격으로 프레스티티를 산 사람들은 가장 낮은 수익을 올렸다. 반대로 전시에 낮은 가격으로 산 사람들은 가장 높은 수익을 올렸다. 가령 1377년에 액면가의 19퍼센트를 지불하고 프레스티티를 산 사람들은 26.3퍼센트5%÷

0.19의 이자를 받았을 뿐만 아니라 높은 시세차익까지 누렸다. 물론 전쟁에서 패하여 프레스티티가 휴지조각이 될 위험도 아주 컸다. 그래서 리스크 프리미엄이 주어지는 것이다.

이러한 위기를 제외하면 프레스티티는 비교적 안정된 가격 변동을 이어갔다. 베니스 정부는 거의 정복당할 고비를 넘긴 이후에도 4세기 넘게 계속 채권을 발행하고 이자를 지급했다. 선진국들은 대개 군사적, 경제적 위기를 이겨낸다. 그리고 가장 암울한 시기에 투자를 감행한 사람들은 아주 높은 수익을 올린다.

물론 언제나 그런 것만은 아니다. 1914년에 1차 세계대전으로 문을 닫기 전까지 상트페테르부르크 거래소는 세계에서 가장 활발한 주식 및 채권거래소였다. 그러나 전쟁이 끝난 후에도 상트페테르부르크 거래소는 다시 열리지 않았다. 20세기에만 해도 군사적, 정치적 사태로 상트페테르부르크 거래소를 포함하여 한때 왕성한 거래가 이루어지던 많은 시장이 문을 닫거나 활력을 잃었다. 카이로, 봄베이, 부에노스아이레스, 상하이 거래소 등이 거기에 속한다.

> 지난 200년에 걸쳐서 국내 주식을 보유한 사람들은 장기적으로 높은 수익을 올렸다. 그러나 역사를 보면 하루아침에 운이 다할 수도 있다.

오늘날의 투자자들에게 던져진 핵심적인 질문은 이것이다. 현재 시장상황이 1377년의 베니스에 가까운가 아니면 1914년의 상트페테르부르크에 가까운가? 많은 면에서 현재 시장상황은 전자와 닮았다. 현재 금융시장은 세계경제와 주식시장이 회복하여 용감한 투자자들에게 높은 수익을 안길 가능성이 높지만 상황이 더 악화될 수도 있다. 확실하게 결과를 알 수 있는 길은 없다. 다시 말하지만 그래서 리스크 프리미엄이 존재하는 것이다. 리스크 프리미엄은 미지의 리스크를 견디는 데 따른 보상이다. 리스크가 클수록 보상도 큰 법이다.

줄 어 드 는 리 스 크 프 리 미 엄

중국 레스토랑에서 친구와 점심을 먹은 지 8년이 지난 시장은 확실한 목소리로 그의 의문에 대답하는 것처럼 보인다. 결국 주식투자자들은 멍청했다. 안전해 보이는 자산도 얼마나 위험해질 수 있는지 알지 못했고, 결국 위험을 낮은 리스크 프리미엄만 보고 받아들였기 때문이다.

2000년에 많은 금융전문가들은 리스크 프리미엄이 줄어들고 있다는 사실을 깨달았다. 그러나 대부분은 치명적인 실수를 저지르고 말았다. 그들은 리스크 프리미엄이 낮기 때문에 더 높은 수익을 올리려면 큰 금액의 돈을 빌려서 지렛대로 삼아야 한다고 판단했다. 유명한 금융 부문의 저자인 제임스 그랜트James Grant는 금융위기에 이르는 과정을 이렇게 묘사했다.

사다리 위에 한 남자가 올라서 있다고 상상하라. 그는 까치발을 하고 무언가를 향해 한껏 손을 뻗고 있다. 그 무언가를 '수익' 이라고 부르고, 사다리는 '레버리지' 라고 부르자. 이제 사다리를 걷어차라. 남자와 함께 빚더미들이 바닥으로 떨어질 것이다.[5]

핵심 POINT

- 역사를 통틀어 언제나 자본의 공급자와 수요자가 있었다. 지금도 예외는 아니다.

- 자본은 부채채권 포함와 지분소유권 혹은 주식이라는 두 가지 기본 형태를 지닌다. 지분은 부채보다 법적으로 후순위 채권이므로 더 위험하다. 따라서 투자를 유치하려면 장기적으로 더 높은 수익이 주어져야 한다.

- 사회적, 정치적, 군사적 위기가 닥치면 대개 주식과 채권이 폭락한다. 이는 역으로 높은 수익을 올릴 기회도 되지만 때로 치명적인 손실을 입는 경우도 있다. 금융사를 돌이켜 봤을 때 미국의 주식시장과 채권시장에서 파국이 일어나지 않았다고 해서 영원히 안전하다는 보장은 없다.

Chapter 2

야수의 속성

배짱이 없으면, 블루칩도 없다.

－월가 격언

The Nature of the Beast

이 책에서 반드시 기억해야 할 교훈이 있다면 그것은 리스크와 보상이 밀접하게 연관되어 있다는 사실이다. 경제학자들이 연구한 바에 따르면 거의 모든 나라에서 주식이 채권보다 높은 수익을 올렸다.[1] 다만 높은 수익을 올리고 싶다면 상응하는 위험을 감수해야 한다. 높은 수익을 올리려고 애쓰는 동안 때로 큰 손실을 입을 수도 있다. 반대로 안전한 투자를 바란다면 낮은 수익에 만족해야 한다. 다른 길은 없다.

까마귀의 예언

리스크와 보상의 비밀을 밝히기 위해 풍요로웠던 1998년 후반의 청명한 겨울 오후를 상상해보자. 당신은 동네를 산책하는 동안 불어난 계좌를 생각하면서 뿌듯한 기분을 느낀다. 주식과 채권으로 구성된 당신의 포트폴리오는 지난 4년 동안 이어진 상승장 덕분에 금액이 두 배로 늘었다. 기술주에 공격적인 투자를 한 주위사람들보다는 적게 벌었지만 그래도 편안한 노후를 기대하기에는 부족함이 없는 돈이다.

그때 갑자기 새 한 마리가 어깨 위에 앉는다. 낙관적인 분위기에 젖은 당신은 행복을 가져다주는 파랑새가 앉았을 거라고 상상한다. 그러나 고개를 돌리니 검은 몸뚱이가 보인다. 그 새는 재난을 알리는 까마귀다. 까마귀는 향후 10년 안에 두 번의 역사적인 폭락이 있을 것이며,

그때마다 지수는 거의 반토막이 날 것이라고 경고한다.

당신은 까마귀에게 간청한다. '현명한 검은 새여. 내가 손해를 보지 않도록 언제 두 번의 재난이 찾아올지 알려주세요.' 그러나 새는 비웃는 듯한 울음소리만 남기고 멀리 날아가 버린다.

까마귀의 예언은 옳았다. 그로부터 10년 안에 지난 세기에 있었던 다섯 번의 폭락장 중 두 번의 폭락장이 발생했다. 표 2.1은 주요 주식 및 채권 종목군의 폭락기 수익률과 전체 기간 수익률을 비교하여 보여준다.

이 표를 보면 1999년부터 2008년에 걸쳐 수익과 보상의 관계를 파악할 수 있다. 그러면 우선 한 열씩 살펴보자. 첫 번째 열은 자산의 종목군을 나열한 것이다. 12줄까지는 주요 국내외 주식 종목군이 지역미국, 해외 선진국, 신흥시장, 시가총액대형주, 소형주, 성격시장주, 가치주을 기준으로 분류되어 있다. 시장주market stocks는 가장 보편적인 범주에 속하는 비싸고 인기 있는 종목들을 말하며, 가치주는 싸고 인기 없는 종목들을 말한다. 많은 금융전문가들은 이러한 기준으로 주식을 분류한다. 마지막 두 줄은 비교적 안전한 자산으로 평가받는 채권에 해당된다.

두 번째 열은 2000년에서 2002년에 걸친 폭락장의 종목군별 수익률을 보여준다. 이전 5년, 즉 1995년부터 1999년까지는 주식시장에서 역사상 가장 큰 거품이 형성되었다. 투자자들은 인터넷의 잠재력에 현혹된 나머지 사업모델도 불분명한 20대 초반의 벤처사업가들에게 수백만 달러에서 수십억 달러를 덥석 안겨주었다. 그냥 회사이름에 닷컴만 붙이면 주가가 두 배로 뛰던 시절이었다.

이러한 분위기는 세계적인 규모를 갖춘 인터넷 기업들의 주가도 한껏 부풀렸다. 투자자들은 이 기업들이 인터넷 시대의 수혜자가 될 것이

종목군	2000. 9– 2002. 9	2007. 11– 2008. 11	1999. 1– 2008. 12
미 대형 시장주	-44.92%	-40.48%	-13.77%
미 대형 가치주	-10.10%	-46.05%	+23.71%
미 소형주	-17.58%	-45.18%	+86.63%
미 소형 가치주	+0.69%	-45.83%	+102.63%
부동산 투자신탁	+26.28%	-54.77%	+107.14%
해외 대형 시장주	-40.94%	-48.46%	+13.23%
해외 대형 가치주	-25.87%	-54.12%	+59.02%
해외 소형 시장주	-17.20%	-53.52%	+97.34%
해외 소형 가치주	-5.68%	-52.42%	+148.23%
신흥시장 대형 시장주	-32.61%	-56.13%	+147.67%
신흥시장 가치주	-26.79%	-62.01%	+251.38%
신흥시장 시장주	-27.59%	-62.91%	+196.43%
10년 만기 국채	+22.76%	+12.36%	+73.64%
10년 만기 회사채	+22.80%	-5.45%	+60.41%

〈표 2.1〉 기간별 주요 주식 및 채권 종목군 수익률(1999~2008)

출처: DFA(Dimensional Fund Advisors),
바클레이즈/리먼 브라더스(Barclays/Lehman Brothers)

라고 생각했다. 반면 나머지 종목군은 부진을 면치 못했다. 부동산 투자신탁, 제조업, 은행업, 소매업 분야는 신경제에 대한 환호와 구경제에 대한 경시 속에 외면당했다.

그러나 2000년 이후 닷컴기업들은 끌어 모았던 현금을 탕진하고 망

해가기 시작했다. 처음에는 간헐적이었던 파산 사례는 곧 집단적인 양상으로 번져갔다. 그 결과 거의 모든 신생기업의 주식이 거래되던 나스닥은 75퍼센트 이상, S&P 500은 거의 절반 가까이 하락하고 말았다. 반면 그동안 거품 세례를 받지 못했던 소형 가치주와 부동산 투자신탁은 상대적으로 양호한 모습을 보였다. 특히 부동산 투자신탁은 26퍼센트가 넘는 수익률을 기록했다.

세 번째 열에 나온 보다 최근의 폭락장은 지난 폭락장과 완전히 성격이 달랐다. 지난 폭락장은 과도하게 몰린 닷컴기업들의 현금이 고갈되면서 시작되었지만 최근의 폭락장은 과도하게 사용한 소비자들의 신용이 고갈되면서 시작되었다. 또한 1990년대에는 주로 기술주, S&P 500, EAFE유럽, 호주, 극동지수에 거품이 집중되었지만 2007년에는 거의 모든 국가에서 전체 종목군이 고평가된 상태였다. 그래서 지난 폭락장에서는 소수 종목군이 피난처 역할을 했지만 최근 폭락장에서는 모든 종목군이 폭락을 면치 못했다.

마지막 열은 결정적인 사실을 말해준다. 까마귀가 경고한 대로 10년 동안 두 번의 폭락장이 있었지만 전체 기간에 걸친 수익률은 양호했다. 12개 주식 종목군 가운데 8개 종목군이 채권보다 나은 수익률을 기록했다. 합리적으로 포트폴리오를 분산시켰다면 채권 수익률을 능가할 수 있었다는 뜻이다. 만약 까마귀의 경고 때문에 10년 동안 아예 투자를 하지 않았다면 잘 분산된 포트폴리오로 누릴 수 있었던 높은 수익을 놓치고 말았을 것이다. 게다가 지금은 언제 다시 주식을 사야 하는지 고민하는 처지에 놓였을 것이다.

> 다양한 종목군에 포트폴리오를 분산시키면 단기적으로는 부진한 경우가
> 많지만 장기적으로는 양호한 수익을 얻을 수 있다.

이 사실은 최근에 심심찮게 들리는 포트폴리오 분산이 쓸모없다는 말이 잘못되었음을 보여준다. 실제로 미국시장이 5퍼센트 하락한 날에 해외시장은 더 큰 폭으로 하락하는 경우가 많고, S&P 500이 40퍼센트 넘게 하락한 해에는 대부분의 자산 종목군도 부진한 모습을 보인다. 그러나 중요한 것은 장기 수익률이라는 사실을 잊어서는 안 된다.

연 8퍼센트의 수익을 얻는 투자자는 30년 후에 재산을 10배로 불릴수 있다. 이 점을 고려한다면 그 사이에 며칠, 심지어 몇 년 동안 손실이 나는 것은 크게 신경 쓸 필요가 없다. 손실이 발생하는 기간에도 투자에 대한 보상은 리스크를 감수하는 대가라는 사실을 상기하면 최소한의 위로를 얻을 수 있다. 쓰린 속과 불면의 밤은 장기적인 수익을 위한 비용인 셈이다.

역 사 대 수 학

단기 수익이나 중기 수익에 익숙한 투자자는 주식 투자에 따른 리스크를 잘 안다. 최근 '검은 백조'[2] 에 관한 이야기가 유행하고 있다. 검은 백조란 금융시장을 뒤흔드는 갑작스런 사태를 말한다. 그러나 금융의 역사를 꿰뚫고 있으면 검은 백조의 충격을 덜 받는다. 가령 1929년에서 1932년에 걸쳐 거의 90퍼센트 가까이 주가가 떨어졌다는 사실을 아는 사람은 최근의 폭락장에 망연자실하지 않았을 것이다.

금융사에 대한 지식보다 더 많은 도움을 주는 게 있다. 바로 미래 수

익을 예상하는 것이다. 합리적이고 체계적인 방식으로 기대수익률을 파악할 수 없다면 투자를 하지 않는 편이 낫다. 하지만 다행인 점은 미래 수익을 구하는 일이 그다지 어렵지 않다는 것이다.

대부분의 투자자들은 과거 수익을 기준으로 미래 수익을 예상한다. 이는 명백한 실수다. 1925년 말부터 각각 10퍼센트와 12퍼센트의 연 수익률을 올리는 대형주와 소형주에 장기 투자를 했다면 얼마나 많은 돈을 벌 수 있었는지 계산한 표가 있다. 사실 그만한 수익을 올리는 것은 현실적으로 불가능하다. 지금까지 그만한 수익을 올린 사람도 없고, 앞으로도 없을 것이다. 이 표가 제시한 수익은 순전히 이론적인 것이다. 일단 증권사 수수료, 호가 스프레드매수호가와 매도호가 사이의 차이, 자본소득세, 배당 같은 요소들을 전혀 고려하지 않았다. 또한 세대를 거치면서 상속자가 자산을 탕진할 가능성도 배제했다. 그리고 무엇보다 국내 주식이 5퍼센트의 수익률을 기록하던 1925년 말로 돌아갈 수 있는 방법은 없다.

과거 수익을 이용하여 미래 수익을 구하는 일은 매우 위험하다. 특히 다수의 금융전문가들처럼 1925년 이후의 데이터를 기준으로 투자계획을 세우는 일은 더욱 위험하다. 1980년대 초의 채권 수익률과 1990년대 말의 주식 수익률은 그 이유를 말해주는 대표적인 근거가 된다. 2차 세계대전 이후는 여러 면에서 매우 특별했다. 가장 두드러진 특징은 가파른 물가상승률이었다. 1970년대와 1980년대에 초인플레가 발생하면서 금리가 급등하자 장기 채권시장은 극심한 침체기에 빠져들었다. 채권은 명목 화폐 기준으로 이자 지급과 원금 상환이 이루어지기 때문에 장기 채권의 경우 물가가 상승하면 가치가 크게 떨어진다. 가령 장기 금리가 10퍼센트 오르면 5퍼센트의 이자를 지급하는 30년 만기 채권의 가치는 거의 절반으로 줄어든다.

1952년부터 1981년까지 30년 동안 장기 국채 수익률은 2.33퍼센트에 불과했다. 이 기간의 평균 물가상승률은 4.31퍼센트였다. 즉 채권투자자는 평균적으로 해마다 2퍼센트의 구매력을 잃는 셈이었다. 반면 주식은 물가가 상승하는 기간에 양호한 수익률을 기록했다. 기업들이 상품과 서비스의 가격을 올릴 수 있었기 때문이다. 앞서 말한 기간 동안 S&P 500의 평균 수익률은 물가상승률보다 5퍼센트 이상 많은 9.89퍼센트였다.

한마디로 1981년 무렵 채권 투자자들은 낮은 수익률 때문에 실질적으로 손해를 보고 있었다. 그래서 당시 금융계에서는 채권을 '재산 압류 영장certificates of confiscation'이라고 불렀다. 당연히 투자자들은 채권을 꺼리게 되었다. 그러나 상황은 빠르게 변했다. 1981년 9월 30일에 정부는 15.78퍼센트의 이자를 지급하는 20년 만기 국채를 판매했다. 이전 5년 동안의 평균 물가상승률은 10.11퍼센트에 '불과' 했다. 게다가 연준은 폴 볼커Paul Volcker 의장의 지휘 아래 통화 공급을 크게 줄였다. 이 과감한 조치가 효과를 발휘하면서 향후 5년 동안 물가상승률은 3.42퍼센트로 떨어졌다.

1982년 초까지 채권 투자자들은 힘겨운 시기를 보냈다. 그러나 당시 국채 수익률을 보고 미래 물가상승률을 합리적으로 예측했다면 최소한 5퍼센트의 실질 수익률을 올린다는 사실을 알 수 있었다. 이러한 냉정한 계산은 실제로 높은 수익을 안겨주었다. 1982년 이후 20년 동안 장기 국채의 실질 수익률은 8.66퍼센트에 달했다.

과거 수익률에 대한 집착의 위험을 말해주는 또 다른 사례는 1990년대 말에 발생했다. 당시 인터넷주와 기술주의 가격은 대형 성장주의 가격과 함께 천정부지로 치솟았다. 1926년부터 1999년까지 74년 동안 미국의 주식시장은 물가상승률 미반영시 11.35퍼센트, 반영시 8.02퍼센트의 수익률을 기록했다. 반면 1995년부터 1999년 사이에는 연 수익률이 28.56퍼센트에 달했다. 당연히 주식투자자들은 더할 나위없이 행복했다. 급기야 1999년에는 '한 푼이라도 주식에 투자하지 않으면 손해다.'라는 말까지 나왔다. 그해 투자 부문 베스트셀러의 제목은 『다우 36,000포인트』였다. 하지만 현실은 책 제목처럼 되지 않았다.＊

그러면 미래 수익을 합리적으로 예측하는 방법은 무엇일까? 첫째, 명백한 사실부터 인정하고 넘어가자. 수정구슬이 없는 한 정확하게 미래를 예측할 수 있는 방법은 없다. 최선의 방법은 경제학에서 말하는 '기대수익률expected return'을 계산하는 것이다. 기대수익률은 금융에서 가장 중요한 개념 중 하나다. 이 개념을 이해하기 위해 카지노의 룰렛 게임을 상상해보자. 룰렛판에는 0부터 36까지 37개의 구멍이 있다. 고객은 1달러를 특정한 번호에 걸어서 맞추면 35달러를 받는다. 이때 당첨률은 37분의 1이다. 이러한 구조에서 고객은 1달러를 베팅할 때마다 평균적으로 5.3센트를 잃는다 $\frac{35}{37}\cdot 1$. 따라서 −5.3퍼센트가 룰렛 게임의 베팅 당, 그리고 전체 베팅액 대비 기대수익이다. 물론 운이 좋으면 큰 돈을 딸 수도 있고, 운이 나쁘면 5.3퍼센트보다 더 잃을 수도 있다. 최종적인 수익은 '실현수익realized return'이라고 부른다. 따라서 기대수익은 실현수익에 대한 최선의 예측이라고 말할 수 있다.

주식과 채권 투자도 룰렛 게임과 같은 방식으로 이루어진다. 다만 기대수익률이 언제나 플러스라는 점이 다르다. 그렇지 않다면 누구도 투

＊정치적 주석: 존 매케인(John McCain)은 이 책의 저자 중 한 명을 2008년 대선 캠프의 경제자문으로 지명했다.

자하지 않을 것이다. 말하자면 룰렛과 같지만 투자자가 카지노 입장이 되는 것이다. 투자자는 언제 행운의 여신이 미소 지을지 알 수 없지만 장기적인 수익을 어느 정도는 예측할 수 있다.

그 방법은 무엇일까? 채권부터 살펴보자. 2009년 초에 10년 만기 국채의 수익률은 2퍼센트에 불과했다. 정부는 돈을 찍어낼 수 있기 때문에 국채에 투자하면 원금과 이자를 떼일 염려는 없다. 따라서 당시 국채의 기대수익률은 2퍼센트다. 미 국채는 만기가 1년 미만일 경우 단기채bills, 1년에서 10년일 경우 중기채notes, 10년이 넘을 경우 장기채bonds라고 부른다. 중기채와 장기채는 6개월마다 이자를 지급한다. 반면 단기채는 미리 이자만큼 할인된 가격으로 판매되고 액면가로 회수된다. 따라서 할인가와 액면가의 차이가 투자자의 수익이 된다.

놀라운 것은 2009년 초에 미국에서 가장 탄탄한 기업들이 발행한 10년 만기 회사채의 수익률은 약 7퍼센트였다. 이 기업들이 10년 안에 망하지 않는다면 회사채의 기대수익률은 7퍼센트가 된다. 그러나 기업은 아무리 신용등급이 높아도 파산하는 경우가 있다. 그러한 리스크를 고려하면 실제 수익은 7퍼센트 미만이 될 것이다. 삭감폭은 얼마나 많은 기업이 망하느냐에 달렸다. 만약 삭감폭이 5퍼센트를 넘는다면 국채에 투자하는 편이 나을 것이다. 대부분의 전문가들은 고등급 기업의 장기 파산율을 연간 1퍼센트 미만으로 본다. 그러나 지금은 상황이 상황이니만큼 보수적으로 2퍼센트로 설정하도록 하자. 이 경우 회사채의 기대수익률은 5퍼센트이자율 7퍼센트−파산율 2퍼센트가 된다.

표 2.2는 파산율을 기준으로 회사채와 국채 수익률을 비교한 것이다. 앞서 말했듯이 연간 파산율이 5퍼센트를 넘어야 국채 투자가 더 유리해진다. 10년 동안 탄탄한 미국 기업 20개 가운데 하나가 해마다 망할

가능성은 어느 정도일까? 최악의 경우 이러한 일이 1, 2년 동안 발생할 수 있다. 10년 동안 해마다 그런 일이 벌어진다면 대공황보다 더 나쁜 파국이 될 것이다.

회사채 수익률	파산율	회사채 수익률	국채 수익률	회사채 투자자의 심리
7%	0%	7%	2%	더할 나위 없이 행복함
7%	1%	6%	2%	매우 행복함
7%	2%	5%	2%	행복함
7%	3%	4%	2%	담담함
7%	4%	3%	2%	불행함
7%	5%	2%	2%	매우 불행함
7%	6%	1%	2%	절망적임
7%	7%	0%	2%	투자상담사를 죽임

〈표 2.2〉 파산율 기준 채권 수익률 비교

연간 파산율이 4퍼센트라면 수익률은 3퍼센트가 된다. 이 경우 국채 투자보다 1퍼센트를 더 벌기는 했지만 그다지 기쁘지는 않을 것이다. 리스크 프리미엄이 회사채 투자에 따른 리스크를 상쇄하기에 충분하지 않기 때문이다. 파산율이 3퍼센트라면 수익률은 4퍼센트가 된다. 이 정도면 추가 리스크를 상쇄하기에 적당하다.

2008년 말에 신용등급이 낮은 기업들이 발행한 채권, 소위 '정크 본드junk bond'의 수익률은 국채 수익률보다 20퍼센트 이상 높은 22.5퍼센트였다. 정크 본드와 국채의 수익률 차이가 이처럼 크게 벌어진 경우는 없었다. 22.5퍼센트는 해마다 20퍼센트의 기업들이 망해야 회사채 수익률이 국채 수익률보다 낮아지는 수준이다. 이는 10년 후 9개 기업 중에서 하나만 살아남는다는 것을 뜻한다.

이처럼 높은 파산율이 현실화될 가능성은 어느 정도일까? 아주 낮지만 전혀 없지는 않다. 정크 본드는 투자자들을 끌어들이기 위하여 국채 수익률에 높은 프리미엄을 얹어주어야 한다. 만약 그 프리미엄이 5퍼센트라면 파산율이 15퍼센트라도 투자할 가치가 있다. 이러한 가정은 투자자가 다수의 회사채나 회사채 펀드를 보유한다는 것을 전제한다. 만약 소수의 회사채만 보유하고 있다면 상황에 따라서는 모든 회사채가 휴지조각이 될 수도 있다.

다시 정리하자면 합리적인 예측에 따른 고등급 기업의 파산율이 약 2퍼센트일 경우 회사채에 대한 기대수익률은 5퍼센트가 된다. 또한 장기 물가상승률이 약 3퍼센트라면 물가상승률을 반영한 기대수익률은 약 2퍼센트가 된다. 2008년 말에 정크 본드의 리스크 프리미엄_{국채 수익률 2퍼센트에 더한 추가 수익률}이 10퍼센트라면 명목 기대수익률은 12퍼센트, 실질 기대수익률은 9퍼센트가 된다. 고등급 회사채와 정크 본드가 국채에 비하여 추가로 제공하는 수익은 파산율이 예상보다 높을 경우 투자자가 져야 할 리스크에 따른 보상이다.

지금까지 살펴본 바와 같이 회사채의 기대수익률을 구하는 일은 이자율에서 파산율을 빼는 간단한 계산에서 시작된다. 리스크와 보상의 관계는 이 책에서 가장 중요한 개념이다. 앞서 설명했듯이 10년 만기 회사채의 수익률이 7퍼센트지만 파산율이 5퍼센트라면 기대수익률은 국채와 같은 2퍼센트다. 그러나 두 기대수익률이 실질적으로 같다고 볼 수 없다. 국채에 투자하면 편안하게 먹고 잘 수 있지만 회사채에 투자하면 때로 쓰린 속을 달래고 잠을 설쳐야 한다. 이러한 위통과 불면의 대가로 회사채 투자자들에게는 리스크 프리미엄이 주어져야 한다. 그리고 리스크가 클수록 리스크 프리미엄은 높아야 한다.

투자 사기의 분명한 신호는 낮은 리스크로 높은 보상을 주겠다는 약속이다. 버나드 매도프 역시 비슷한 말로 투자자들을 현혹했다. 그는 아무런 리스크 없이 양호한 수익을 제공하겠다고 약속했다. 이러한 약속만이 투자 사기의 신호는 아니다. 금융서비스기업은 상담, 중개, 관리의 세 가지 활동을 한다. 정상적인 기업이라면 세 가지 활동이 투명하게 이루어져야 한다. 그러나 매도프의 경우 세 가지 활동이 철저하게 베일에 가려져 있었다.

리스크와 보상에 대한 주제는 너무나 중요하기 때문에 다시 한 번 강조하겠다. 큰 손실을 입지 않고 높은 수익을 얻을 수는 없다. 안전을 원한다면 낮은 수익에 만족해야 한다.

고든 방정식

주식도 채권과 같은 방식으로 기대수익률을 계산한다. 다만 주식은 배당수익률에 배당상승률을 더해야 한다.

주가가 100달러인 기업이 3달러_{주가의 3퍼센트}의 배당금을 지급한다고 가정하자. 투자자는 배당금으로 받은 3달러를 재투자하거나 소비할 수 있다. 이 기업이 잘되어서 내년에는 배당금을 4퍼센트 상승한 3.12달러를 주게 되었다고 가정하자. 배당은 주식의 가치에 영향을 미친다. 이론적으로는 배당이 4퍼센트 상승하면 주가도 4퍼센트 상승해야 한다. 이 경우 수익률은 7퍼센트_{3퍼센트의 배당과 4퍼센트의 시세차익}가 된다.

전체 주식시장의 경우도 마찬가지다. 2009년 초에 미국 주식시장의 평균 배당률은 3퍼센트였다. 그러면 지금까지 배당상승률은 어땠을까? 배당상승률을 파악하는데 아주 요긴한 역사적인 자료가 있다. 그림 2.1은 1871년 이후 S&P 500의 배당금 추이를 보여준다. 이 그림을 보면 1940년 이전에는 느리게 상승하다가 이후에는 가파르게 상승했다는 사실을 알 수 있다.

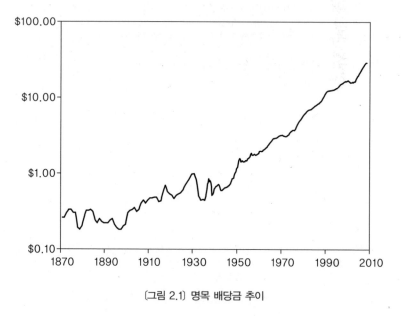

[그림 2.1] 명목 배당금 추이

출처: http://www.econ.yale.edu/~shiller/data/ie_data.xls.

1940년 이후 높아지는 상승률은 대부분 물가상승률에 따른 착시다. 따라서 1940년 이전의 완만한 상승이 실질적인 데이터를 제공한다. 과거 배당금을 2008년 달러 가치로 환산하면 그림 2.2처럼 보다 정확한 그림이 그려진다. 물가상승률을 반영한 배당금은 연 1.32퍼센트씩 느리게 상승했다.

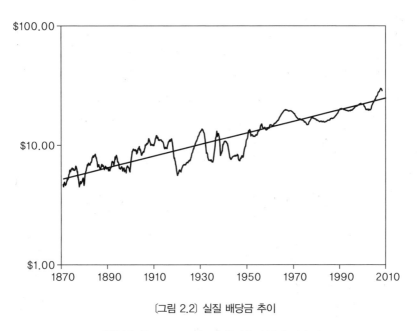

〔그림 2.2〕 실질 배당금 추이

출처: http://www.econ.yale.edu/~shiller/data/ie_data.xls.

이 사실은 또 다른 중요한 규칙을 말해준다. 그것은 언제나 물가상승률을 반영한 실질 가치를 기준으로 생각해야 한다는 것이다. 그래야 나중에 장기 물가상승률의 영향을 반영하기 위하여 데이터를 수정하는 번거로움을 피할 수 있다. 실질 가치를 기준으로 삼으면 물가상승률의 침식 효과에 따른 잡음을 걸러낼 수 있다.

미국 경제와 기업 이익은 실질 기준으로 약 3퍼센트씩 성장한다. 그러면 왜 배당상승률은 1퍼센트 수준에 머물렀을까? 기업은 사람처럼 태어나고, 성장하고, 죽어서 새로운 기업으로 대체되기 때문이다. 이때 투자은행은 기업공개를 통해 신생기업의 주식을 시장에 판다. 이처럼 새로 시장에 풀리는 주식은 기존 주식 수 대비 약 2퍼센트에 해당한다. 따라서 해마다 이익이 3퍼센트씩 증가해도 전체 주식 수가 2퍼센트씩 늘어나기 때문에 배당상승률은 1퍼센트에 머물게 된다. 물론 기업이 자사주를 매입하기도 하지만 2퍼센트의 주식 수 증가는 그 점까지 고려한 것이다.[3] 또한 증권사와 펀드사는 종종 브라질, 러시아, 인도, 중국소위 브릭스 국가처럼 빠르게 성장하는 신흥시장의 주식을 판촉한다. 그러나 이처럼 주식가치를 희석하는 일은 종종 느슨한 규제를 틈탄 노골적인 절도로 이어지며, 성장에 따른 가치의 많은 부분을 없애버린다. 가령 중국 경제는 20년 넘게 실질 기준으로 연 9퍼센트 넘게 성장했다. 그러나 1993년과 2008년 사이에 중국 주식에 투자한 사람들은 배당금을 재투자한 후에도 평균적으로 연 3.3퍼센트의 손실을 입었다. 16년 동안의 비용을 제하지 않고도 41.5퍼센트의 가치를 잃은 것이다물가상승분을 반영한 연 손실은 5.7퍼센트다.[4]

> 역사적인 데이터, 특히 최근 데이터를 참고하여 주식과 채권의 미래 수익을 예측해서는 안 된다. 대신 이자율과 파산율 그리고 배당률과 배당상승률을 기준으로 삼아라.

표 2.3은 정도의 차이는 있지만 다른 동아시아 국가의 경우도 마찬가지라는 사실을 보여준다. 한국, 태국, 싱가포르, 말레이시아, 인도네시아, 대만 시장은 경제성장률이 상대적으로 낮은 미국 시장보다 낮은 수익률을 기록했다.

국가	GDP 성장률 1988-2008 (실질, 연 단위)	주식 수익률 1988-2008(명목, 연 단위)
중국	9.61%	-3.31%*
인도네시아	4.78%	8.16%
한국	5.59%	4.87%
말레이시아	6.52%	6.48%
싱가포르	6.67%	7.44%
대만	5.39%	3.75%
태국	5.38%	4.41%
미국	2.77%	8.80%

＊주식 수익률 1993-2008

〈표 2.3〉 경제성장률과 주식 수익률

출처: 모건 스탠리 캐피털 인덱스(Morgan Stanley Capital Indexes), 국제통화기금

그렇다면 주식의 실질 기대수익률을 계산해보자. 앞서 살폈듯이 S&P 500의 경우 약 2.5퍼센트의 배당률에 1.32퍼센트의 실질 배당상승률을 더하면 4퍼센트에 약간 못 미치는 실질 기대수익률이 나온다. 배당률에 배당상승률을 더하는 이 간단한 방정식은 '고든 방정식'으로 불리며, 앞으로도 이 책에서 자주 언급될 것이다.

기대수익률＝배당률＋배당상승률

배당률이나 배당상승률이 일정하게 유지된다면 한결 계산하기 편할 것이다. 그러나 시장은 그렇게 협조적이지 않다. 20세기 들어서 주가

는 배당금의 7배1932년에서 90배2000년까지 급격한 변동을 보였다. 그러나 장기적으로 보면 평준화가 이루어지기 때문에 고든 방정식이 실효성을 얻는다.

배당 할인 모형Discounted Dividend Model

초기 미국 경제학자인 어빙 피셔Irving Fisher는 독보적인 존재였다. 예일 대학에서 위대한 물리학자인 윌러드 깁스Willard Gibbs를 비롯한 석학들에게 수학한 그는 "주가는 영원히 하락하지 않을 고지대에 도달했다"는 유명한 말을 남겼다.

그는 이 말 외에도 많은 업적을 남겼다. 그 중에서 가장 대표적인 업적이 자산의 가치를 평가하는 수학적 모형을 개발한 것이다. 그의 통찰에 따르면 시장가격은 진정한 가치의 모조품에 불과하다. 진정한 가치란 자산이 시간의 흐름에 따라 제공하는 즐거움이나 소득을 말한다. 이 즐거움이나 소득의 현재 가치는 미래에 얻을 이자율만큼 할인된다.[5]

저녁 식사처럼 바로 소비되는 대상일 경우에는 문제가 간단하지만 합당한 반대급부를 얻지 못하면 가격을 지불하지 않을 것이다. 그러면 누군가 어떤 요리를 10년 후 25달러에 먹게 해주겠다고 제안했다고 가정하자. 당신은 10년 동안 기다리는 조건으로 바로 지금 얼마를 지불하겠는가? 당연히 25달러보다 적을 것이다. 당신이 생각하는 적당한 가격이 5달러라고 가정하자. 이 금액을 기준으로 계산하면 이자율은 17.46퍼센트가 된다. 17.46퍼센트는 당신이 지금 5달러를 내고 10년 후에 25달러짜리 요리를 먹기 위해 내는 이자율이다. 반대로 이자율부터 정할 수도 있다. 가령 연 15퍼센트를 이자율로 정하면 지금 내야 하는 돈은 6.18달러가 된다.

요점은 현재 누리는 즐거움은 언제나 미래에 누릴 즐거움보다 높은 가치를 지닌다는 것이다. 피셔의 설명에 따르면 이는 대상에 대한 '조바심 impatience' 때문이다. 이 조바심이 이자율을 낳는다. 드물게 이자율이 마이너스인 경우도 있다. 10년 후에 전쟁이나 기근이 발생할 것 같다고 생각한다면 지금 요리를 먹는 데 더 많은 돈을 지불할 것이다. 또한 탈주범의 경우 급히 돈을 마련하기 위해 손해를 보고 가진 귀금속을 팔 것이다. 보관비용이나 보험비용을 감안하면 귀금속을 보유하는 일은 매력이 떨어진다. 그러나 화폐에 대한 이자율은 절대 마이너스가 되지 않는다. 장롱 속에 묵혀두어도 최소한 액면가는 인정받기 때문이다.

사람마다 대상에 대한 조바심이자율의 정도가 다르다. 또한 특정한 대상의 이자율은 개인적 상황의 영향을 받는다. 부유한 사람은 10년 후에 먹을 요리에 대하여 가난한 사람보다는 많은 돈을 지불할 것이다. 개인적인 성향에 따라 조바심의 정도가 달라지기도 한다. 방탕한 사람은 조바심이 강하고 알뜰한 사람은 조바심이 약하다.

주식이나 채권의 가치 역시 미래에 발생하는 소득의 흐름으로 결정된다. 채권의 가치는 현재까지 적절한 비율로 할인된 만기 상환금이 된다.

그러면 주식의 기대수익률부터 계산해보자. 배당금이 3달러이고 연 6퍼센트의 상승률이 예상되는 종목이 있다. 투자자들이 원하는 수준은 연 9퍼센트라고 할 때 미래 배당금의 값 P는,

$$\sum_{n=1}^{\infty} (\$3 \times 1.06^n) / (1.09)^n = P$$

이를 일반화시키면,

$$\sum_{n=1}^{\infty} D(1+g^n) / (1+r)^n = P$$

여기서 D=작년 배당금, g=배당상승률, r=기대수익률, P=가격이다.

여기에 약간의 적분법을 적용하면 다음과 같은 공식이 나온다.

$$P = D/(r-g)$$

이 공식은 다음과 같이 바꿀 수 있다.

$$r = D/P + g$$

이 공식은 앞서 설명했던 고든 방정식, 즉 기대수익률=배당률+배당상승률과 같다.

위의 계산은 가격을 종속 변수로, 기대수익률을 독립 변수로 삼아 거꾸로 기대수익률을 구했다. 이렇게 하는 이유는 가격을 구할 때 위험한 자산에 대하여 더 높은 할인율을 쉽게 적용할 수 있기 때문이다.

시간이 지나면서 배당률이 변하면 어떻게 될까? 가령 1926년부터 1999년까지 S&P 500의 배당률은 5퍼센트에서 1.1퍼센트로 감소했다. 이를 연 단위로 환산하면 가격이 연 2.1퍼센트 상승한 것과 같다. 반대로 배당률이 상승하면 가격상승률은 하락한다.

만약 1926년에 향후 73년 동안 배당상승률이 실질 기준 연 1.3퍼센트가 될 것을 아는 사람이 있었다면 그는 실질 기대수익률을 다음과 같이 계산했을 것이다.

$$5\% + 1.3\% + 2.1\% = 8.4\%$$

이를 일반화시키면 실질 기대수익률=배당률+실질 배당상승률+연 가격변동률이 된다. 실제로 동기 S&P 500의 실질 기대수익률은 8퍼센트였다. 이 정도면 나쁘지 않은 수준이다.

이 방정식은 고든 방정식을 효과적으로 보완한다. 10년 전에 뱅가드Vanguard의 회장인 존 보글John Bogle은 낮은 배당률이 평균으로 회귀할 가능성이 높다고 자주 언급했다. 다시 말해서 배당률이 역사적 평균인 3퍼센트나 4퍼센트 수준으로 오를 것이라는 뜻이다. 이 경우 실질 기대수익률은 마이너스가 된다. 참으로 날카로운 예측이 아닐 수 없다.

그러면 현재 자산의 가치는 어떤 수준일까? 많은 전문가들은 대부분의 자산군이 적절한 수준에 있으며, 유럽 주식과 부동산 투자신탁 같은 일부 자산군은 아주 싼 수준에 있다고 본다. 이러한 평가가 옳고, 가격이 평균으로 회귀한다면 수익률은 고든 방정식에 따른 것보다 더 높을 것이다.

다시 말하지만 방금 계산한 4퍼센트의 기대수익률은 실질 기준이다. 즉 물가상승률을 반영한 후에도 주식의 가치는 평균적으로 18년마다 두 배로 늘어난다.*

현재 대다수 해외시장의 배당률은 5퍼센트 수준이다. 이 정도면 실질 주당 수익이 전혀 늘어나지 않아도 충분히 양호한 기대수익률을 제공한다.

마찬가지로 주거용 부동산과 상업용 부동산을 운용하여 수익을 내는 부동산 투자신탁도 2009년 초에 약 10퍼센트의 배당을 했다. 미국 법률에 따르면 부동산 투자신탁은 최소한 이익의 90퍼센트를 주주들에게 배당해야 한다. 그래서 이처럼 높은 배당률이 나오는 것이다. 문제는 이익의 거의 전부를 배당금으로 내주고 나면 다른 부동산을 매입하거나 기존 부동산을 개선할 자금이 남지 않는다는 것이다. 결국 남는 것은 채권을 발행하거나 대출을 받아서 자금을 조달하거나, 투자를 포

---

*투자 자산이 두 배로 늘어나는 데 필요한 기간을 계산하는 좋은 방법이 있다. 바로 15세기부터 사용된 '72의 법칙'을 활용하는 것이다. 이 경우에도 72를 실질 기대수익률인 4로 나누면 18년이 나온다. 실제로 실질 기대수익률이 4퍼센트일 때 자산이 두 배로 늘어나는 데 필요한 기간은 17.67년이다.

기하는 어려운 선택이다. 첫 번째 선택을 하면 성장을 할 수 있지만 신용위기가 발생하면 취약한 처지에 놓이기 때문에 위험하다. 실제로 2007년과 2008년에 많은 부동산 투자신탁이 큰 위기를 겪었다.

그래서 2009년 초에 부동산 투자신탁에 투자한 사람들이 합리적으로 기대할 수 있는 배당률의 최고치는 10퍼센트였다. 향후 몇 년 동안 다수 부동산 투자신탁이 망하거나 과거보다 성장률이 느려지면 수익률은 더 낮아질 수 있다.이 글을 쓰는 현재 부동산 투자신탁의 배당률이 급격하게 낮아지고 있다. 향후 배당률이 이전 수준을 회복하는지 여부에 따라 기대수익률이 좌우될 것이다.

그러면 지금까지 나온 내용을 정리해보자.

- 안전자산에 투자하면 낮은 수익률밖에 기대할 수 없다. 현재 국채 수익률은 거의 제로에 가깝다.
- 리스크를 감수하는 대가로 리스크 프리미엄을 얻어야만 높은 수익률을 기대할 수 있다.
- 채권의 기대수익률을 계산하려면 이자율에서 파산율을 빼면 된다.
- 주식의 기대수익률을 계산하려면 배당률에 배당상승률을 더하면 된다.

앞서 언급했듯이 고든 방정식은 종종 역사적인 수익률과 아주 다른 신호를 내보낸다. 가령 표 2.1을 보면 지난 10년 동안 국채가 회사채보다 나은 수익률을 기록했다. 그러나 앞으로는 반대일 가능성이 높다. 마찬가지로 지난 10년 동안 부동산 투자신탁, S&P 500, 해외 대형주는 낮거나 마이너스 수익률을 기록했지만 고든 방정식에 따르면 앞으로는 보다 나은 수익률을 기대할 수 있다.

금융사를 보면 이 점만은 명확하다. 아무리 기간이 길다고 하더라도 역사적인 수익률보다 고든 방정식에 따른 기대수익률을 더 중시해야 한다. 특히 1990년대 말처럼 시장이 거품으로 인해 과도한 낙관무드에 빠져있거나, 2008년과 2009년처럼 금융위기로 공포에 사로잡혀 있을 때는 더욱 그렇다. 주위 모든 사람들이 이성을 잃었을 때 고든 방정식은 객관적인 시각을 유지하도록 도와준다.

이제 우리는 2000년에 내 친구가 고민했던 주식투자자들의 비합리성을 증명할 많은 단서들을 얻었다. 10년 전에 투자자들은 역사적인 수익률에 집착하느라 고든 방정식에 따르면 실질 기대수익률이 2.4퍼센트_{배당률 1.1퍼센트+배당상승률 1.3퍼센트}에 불과하다는 사실을 간과했다. 그들은 베니스의 프레스티티부터 1929년의 주식시장과 1952년부터 1981년에 이르는 채권시장의 사례에서 보듯이 역사는 잠재적인 파국의 위기로 점철되었다는 교훈을 잊고 있었다. 또한 그들은 리스크와 보상을 제대로 저울질하지 못했다. 2.4퍼센트의 실질 기대수익률은 위통과 불면의 대가로 충분하지 않았다. 결국 그들은 희생을 치러야 했다. 그 희생은 합리적인 투자자들이 리스크를 감수하기에 충분한 수준으로 배당률을 회복시킨 주가의 폭락이었다.

지금이 바로 그런 상황이다. 현재 시장에 고든 방정식을 적용하면 10여 년 만에 처음으로 주식과 회사채 투자로 더 나은 수익률을 기대할 수 있다. 구체적으로 말하자면 주식은 실질 기대수익률이 4퍼센트에서 8퍼센트, 채권은 2퍼센트 수준이다. 이 정도면 리스크를 보상하기에 충분하다고 본다.

홈 스위트 홈?

대부분의 사람들에게 자산의 상당 부분을 차지하는 주택 문제를 잠시 살펴보자. 어떻게 주택을 투자 포트폴리오에 맞출 수 있을까? 아니 애초에 주택이 투자대상으로 적절한 것일까?

주택은 분명히 투자대상이 아니다. 거기에는 한 가지 확실한 이유가 있다. 사든지 빌리든지 우리에게는 생활할 곳이 필요하다. 투자는 현재의 소비를 미래의 소비로 지연시키는 것임을 잊어서는 안 된다. 주택은 현재 소비해야 할 1순위에 해당한다. 게다가 현금으로 구입할 경우 다른 자산에 투자할 수 있는 자본을 소비하는 게 된다.

투자대상은 아니라고 해도 고든 방정식을 적용하여 살 것인지 빌릴 것인지 결정하는 데 참고할 수 있다. 그 방법은 다음과 같다. 주가처럼 집값은 시간이 지남에 따라 상승해야 정상이다. 그러면 얼마나 올라야 할까? 주요 집값 데이터를 보면 물가상승률을 반영한 수치는 매우 미미하다. 여기서 말하는 데이터는 세 나라의 역사적인 집값 상승률이다. 미국의 경우 집값은 1890년부터 1990년까지 전혀 오르지 않았다. 노르웨이의 경우 1819년 이후 연 상승률이 약 1.3퍼센트에 불과하다. 경제학자들은 암스테르담의 헤렌 운하를 따라 늘어선 주택 가격을 17세기 초까지 집계했다.[6] 이 자료에 따르면 세계에서도 손꼽히는 주거지에 있는 주택들도 거의 4세기 동안 실질 가치가 전혀 오르지 않았다.

따라서 집값의 실질 상승률은 기껏해야 1퍼센트 정도밖에 기대할 수 없다. 이 정도만 되어도 다행이다. 주식처럼 배당을 고려해야 하기 때문이다. 주택의 경우 '간주임대료imputed rental value'가 배당에 해당된다. 간주임대료란 주택을 세놓았을 때 매달 받을 수 있는 금액을 말한다.

다시 말해서 집을 빌리든 소유하든 간주임대료에는 차이가 없다. 주택을 소유하는 경우 다른 곳에 투자할 수 있는 자본을 묶어두는 셈이 된다. 이때 간주임대료 혹은 주택 사용권이 그 보상이 된다. 반면 주택을 구입할 자본이 있지만 빌리면 남는 돈으로 주식이나 채권에 투자할 수 있다. 주택을 구입할 자본이 부족해서 대출을 받아야 할 경우에는 반대의 논리가 적용된다. 이때 주택을 사지 않고 빌리면 주택대출 상환금 대신 임대료를 내는 셈이 된다. 물론 주택대출 상환금은 대부분 세금공제를 받는다. 그러나 압류당할 위험이 이 이점을 상쇄하고도 남는다.

당신이 월 1,250달러의 임대료를 받을 수 있는 30만 달러짜리 주택을 구입하는 문제를 고려하고 있다고 가정하자. 이때 간주임대배당률은 5퍼센트월 1,250달러는 연 15,000달러다. 여기서 약 3퍼센트를 세금, 보험, 유지비로 빼면 연 수익은 2퍼센트다.

> 주택은 투자대상이 아니라 소비대상이다. 세금과 유지비를 감안하면 임대하는 편이 낫다.

따라서 당신이 주택 투자로 기대할 수 있는 최대 수익률은 3퍼센트실질 집값상승률 1퍼센트+임대배당률 2퍼센트다. 그나마 집값 하락 추세가 지속되면 더 줄어들 것이다.

주택 구입 시 참고할 수 있는 기본적인 규칙은 절대 15년 적정 임대료 이상 지불하지 말라는 것이다.* 이를 연 임대배당률로 바꾸면 6.7퍼센트1/15가 되고, 세금, 보험, 유지비를 빼면 3.7퍼센트가 된다. 3.7퍼센트면 주식과 채권으로 구성된 포트폴리오에서 기대하는 수익률과 비슷하다간주임대료가 주식투자 수익 및 채권투자 수익보다 나은 점은 비과세 혜택을 받는다는 것이다.

최근까지 부동산 시장의 집값은 임대료의 20년분을 넘어섰다. 이는 집값이 과도하게 올랐다는 증거다. 어쩌면 앞으로 위와 같은 기준으로 집값의 적정성을 파악할 수 있는 날이 다시 올지도 모른다.

끝으로 연중 대부분의 기간을 임대하지 않는 이상 별장은 투자 가치가 거의 없다. 그러니 산이나 해변에 별장이 필요하다면 사지 말고 빌려라.

가 치 주 와   소 형 주

원칙을 지키는 투자자들이 리스크 프리미엄을 취할 만한 다른 투자 대상이 있을까? 최소한 두 가지가 있다. 그것은 가치주와 소형주다. 오랫동안 금융전문가들은 가치주와 소형주가 전체 시장보다 높은 수익률을 올린다는 사실을 알았다. 1992년 6월에 시카고 대학의 케네스 프렌치Kenneth French와 유진 파머Eugene Fama가 이것이 사실임을 증명했다.[7]

그들은 「금융 저널Journal of Finance」에 실은 글에서 가치주와 소형주에 리스크 프리미엄이 존재한다는 결론을 내렸다. 프렌치는 지속적으로 자료를 갱신하여 표 2.4를 만들었다. 표에서 보듯이 그는 종목군을 크기와 성격에 따라 여섯 가지 범주로 나누었다. 소형주와 대형주를 나누는 기준은 시가총액 10억 달러다.

---

*나는 주택을 구매할 때 150이라는 숫자에 유념한다. 150개월을 년으로 환산하면 12.5년이 된다. 주택을 선전하는 부동산업자의 말이 끝나면 "그러면 이 집의 적당한 임대료는 얼마입니까?"라고 물어라. 만약 그 액수가 적당하다면 150을 곱하라. 이 수치는 주택의 적정한 시장가치를 가늠하는 기준이 된다. 집값이 이 수치보다 높으면 임대하는 편이 낫다. 이 방법이 부동산업자의 얼굴을 흙빛으로 만드는 가장 빠른 방법이다.

종목군	연 수익률
대형 성장주	9.02%
소형 성장주	8.20%
대형 중간주	9.75%
소형 중간주	12.94%
대형 가치주	11.69%
소형 가치주	14.65%

〈표 2.4〉 가치주와 소형주 분석 1926-2008

출처: http://mba.tuck.dartmouth.edu/pages/faculty/ken.french/data_library.html.

또한 성장주는 성장속도가 빠르고 화려한 이미지를 지닌 기업의 주
식을 말한다. 해당 기업으로는 월마트, 암젠Amgen, 시스코, 스타벅스 등
이 있다. 가치주는 성장속도가 느리고 따분한 이미지를 지닌 기업의 주
식을 말한다. 해당 기업으로는 포드, 시어즈Sears, 캐터필러 등이 있다.
중간주는 이름대로 성장주와 가치주의 중간에 해당하는 주식이다.

이 표를 보면 먼저 평균적으로 소형주가 대형주보다 나은 수익률을
기록했다는 사실이 눈에 띈다. 이 사실은 놀라운 것이 아니다. 소기업
은 대기업보다 성장할 여지가 많기 때문이다. 한편 소형주는 대형주보
다 확실히 위험하다. 제품군이 다양하지 않고, 자본력이 딸리며, 파산
가능성이 높기 때문이다.

많은 투자자들은 시가총액에 관계없이 성장속도가 느린 가치주가 성
장주보다 높은 수익률을 올렸다는 사실에 놀랐다. 어떻게 소비시장에
서 보이는 양상과 달리 가치주가 성장주보다 나은 수익률을 올릴 수 있

을까? 그 답은 의외로 간단하다.

포드의 수익률과 도요타의 수익률이 같다면 누가 포드 주식을 사겠는가? 더 높은 리스크를 보상하기 위하여 포드 주식은 도요타 주식보다 높은 수익률을 제공해야 한다. 포드가 망할 수도 있다. 만약 살아남는다면 주가는 급등할 것이다. 포드의 주식은 10분의 1의 확률로 20달러를 지불하는 1달러짜리 복권과 비슷하다. 이러한 종목을 다수 보유하면 평균의 법칙에 따라 나머지 손해를 충분히 상쇄하는 당첨주가 나오기 마련이다.

> 대개 좋은 기업의 주식은 나쁘고, 나쁜 기업의 주식은 좋다.

투자전문가들은 파머와 프렌치의 주장을 처음에는 회의적으로 받아들였다. 일각에서는 자료가 미국 주식에 국한되었다는 비판을 제기하기도 했다. 그래서 두 사람은 해외 자료들을 모아 분석했다. 그 결과 16개 선진국 가운데 15개국, 16개 개발도상국 가운데 12개국에서 가치주가 성장주보다 높은 수익률을 기록한 것으로 나타났다.

이번에는 자료수집 기간이 1963년에서 1990년까지로 제한되어서 우연적인 요소가 작용할 수 있다는 비판이 제기되었다. 그래서 두 사람은 1926년까지 거슬러 올라가 자료를 모았다. 이번에도 결론은 같았다.

최후의 문제 제기는 자료상으로는 소형주와 가치주의 리스크 프리미엄이 드러나지만 거래비용 때문에 현실적인 의미를 지니지 않는다는 것이었다. 그러나 이러한 문제 제기 역시 잘못된 것으로 밝혀졌다. 파머의 제자인 데이비드 부스David Booth는 그 근거로 DFA의 투자실적을 제시했다. 이 회사는 파머와 프렌치의 조사결과에 근거한 투자전략을 따랐다. 표 2.5a, 2.5b, 2.5c는 이 회사가 운영하는 11개 펀드의 수익률을 정리한 것이다.

펀드 종류	연 수익률 1993. 4-2008. 12
대형 시장주 펀드	6.37%
대형 가치주 펀드	7.31%
소형주 펀드	9.08%
소형 가치주 펀드	10.03%

〈표 2.5a〉 미국시장 펀드 수익률

펀드 종류	연 수익률 1996. 12-2008. 12
대형 시장주 펀드	3.04%
대형 가치주 펀드	4.94%
소형주 펀드	3.75%
소형 가치주 펀드	5.64%

〈표 2.5b〉 선진국 시장 펀드 수익률

펀드 종류	연 수익률 1998. 5-2008. 12
대형 시장주 펀드	6.94%
대형 가치주 펀드	11.38%
소형주 펀드	9.33%

〈표 2.5c〉 신흥시장 펀드 수익률

이 자료는 짧은 기간으로 한정되었지만 파머와 프렌치의 주장을 분명하게 뒷받침한다. 게다가 지난 10년 동안 미국 역사상 가장 심한 약세장이 두 번이나 있었기 때문에 실전에서 유효성이 증명되었다고 볼 수 있다.

그러면 가장 수익률이 높은 소형 가치주에만 투자하면 되는 것일까? 그렇지 않다. 거기에는 몇 가지 이유가 있다. 우선 소형 가치주는 기반이 약하고 미래가 불확실해서 가장 위험하기 때문에 가장 높은 수익률을 안겨준다.

일반투자자에게는 투자 수익뿐만 아니라 직업을 통한 소득도 중요하다. 만약 소형 가치주에 해당하는 기업에서 일하는 투자자라면 자사주를 너무 많이 보유하는 일은 피해야 한다. 회사에 문제가 생기면 급여소득과 투자 수익이 동시에 악영향을 받기 때문이다. 따라서 투자자에게 있어 가장 어리석은 일은 자사 주식에 투자하는 것이라고 말할 수 있다. 2002년의 엔론 직원들처럼 일자리와 투자액을 모두 잃을 수도 있다.

또한 소형주와 가치주는 오랫동안 시장수익률을 따라잡지 못할 수 있다. 시장수익률을 따라잡는데 소형주는 최대 20년, 가치주는 최대 10년이 걸릴 수 있다. 소형주와 가치주가 언제나 시장수익률을 상회한다면 어떤 리스크도 없을 것이다. 반대급부로 시장수익률을 하회할 리스크에 따라 주어지는 리스크 프리미엄도 사라질 것이다.

따라서 소형주와 가치주의 리스크 프리미엄에 1퍼센트나 2퍼센트를 더하는 것이 합리적이다. 그러면 미국시장의 소형주와 가치주는 약 5퍼센트에서 6퍼센트, 두 리스크요소를 모두 가진 소형 가치주는 약 6퍼센트에서 8퍼센트의 실질 기대수익률을 가져야 한다.

그러면 지금까지 정리한 주요 자산군의 실질 기대수익률을 살펴보자.

자산군	실질 기대수익률
단기 국채	−2%
중기 국채	−1%
회사채	2%
미국 대형주	4%
해외 대형주	5%
부동산 투자신탁	6~7%
소형주 및 가치주	5~8%

지금까지 수익에 대해서는 충분히 다루었다. 그러면 리스크는 어떨까? 나는 이전에 낸 책에서 역사적인 폭락장을 자세히 설명했다. 이번에는 그런 노력을 기울일 필요가 없을 것 같다. 투자자들이 지난 금융위기를 통해 주식투자의 리스크를 충분히 확인했기 때문이다.

리스크, 즉 변동성을 쉽게 측정하는 방법은 S&P 500이 5퍼센트 넘게 오르내린 일수를 세는 것이다. 2008년 후반기 동안 S&P 500이 5퍼센트 넘게 오르내린 날은 18일이었다. 반면 이전 10년 동안에는 그런 날이 단 6일에 지나지 않았다.

알고 보면 사정은 더욱 나쁘다. S&P 500은 그나마 나은 축에 속하기 때문이다. 2008년 7월과 12월 사이에 미국의 대형 가치주와 소형 가치주가 5퍼센트 넘게 오르내린 날은 25일, 해외 대형주가 5퍼센트 넘게 오르내린 날은 23일이었다.

오랜 기간의 수익률 자료를 살펴보면 복잡한 계산을 하지 않고도 여러 자산군이 얼마나 위험한지 알 수 있다. 그렇다고 해서 정확한 계산을 하지 못할 이유는 없다.

금융전문가들은 리스크를 평가할 때 대개 표준편차로 시작한다. 한 예로 아래에 나온 표는 지난 20년 동안 여러 자산군의 월 수익률에 대한 월 표준편차와 연 표준편차를 나열한 것이다. 월 표준편차는 240개월 동안의 수익률을 통해 바로 산출되고, 연 표준편차는 월 표준편차를 12의 제곱근으로 곱한 것이다.

지수	월 표준편차	연 표준편차
S&P 500	4.19%	14.50%
CRSP 9-10(소형주)	5.97%	20.68%
EAFE(해외 대형주)	4.89%	16.94%
신흥시장	7.01%	24.29%
20년 만기 국채	2.70%	9.35%
5년 만기 국채	1.33%	4.61%
30일 만기 국채	0.16%	0.57%

월 수익률의 표준편차 1989-2008

이 수치들은 지난 10년 동안 주요 자산군의 최대 단기 손실로 파악한 리스크와 비슷하다.

수학은 잘 알지만 금융은 잘 모르는 사람들은 이 표를 보고 문제를 제기한다. 그들은 표준편차는 플러스와 마이너스 양면을 측정하는 것이지만 리스크를 중시하는 투자자들에게 플러스 표준편차는 큰 의미가 없다고 말한다. 이 말은 완전히 틀렸다. 플러스 영역에서 변동폭이 크면 마이너스 영역에서도 변동폭이 크기 마련이다. 따라서 표준편차는 위험한 자산군을 파악하는데 도움을 준다. 그 전형적인 사례가 롱텀 캐피털 매니지먼트가 기록한 수익률이다.

그들의 수익률은 파산하기 전부터 매우 높은 표준편차를 보였다. 이는 그들의 전략에 내재된 리스크에 대한 명확한 경고신호였다. 전체 영업기간을 놓고 보면 수익률 데이터가 초기에는 플러스 영역에서 분산되었다가 후기에는 마이너스 영역에서 분산되었다. 이러한 수익률의 표준편차는 실적이 좋았던 초기에도 전략의 위험성을 분명하게 드러낸다.

수학적으로 보다 전문적인 문제 제기도 있다. 거기에 따르면 수익률 데이터는 정규분포를 이루지 않으며, 높은 왜도skewness: 데이터 분포의 비대칭 정도와 첨도kurtosis: 데이터들이 산술평균 주위에 밀집된 정도를 보인다. 특히 첨도는 매우 두드러진다. 1987년 10월 19일에 S&P 500은 20.46퍼센트, 다우존스 산업평균지수는 22.61퍼센트 하락했다. 이는 일 기준으로 약 −23표준편차에 해당하는 수치. 이러한 일이 일어날 확률은 2×10^{-117}로서 당신의 집이 갑자기 이웃 은하계로 공간이동할 확률과 비슷하다. 마찬가지로 2008년에 S&P 500은 37퍼센트 하락했다. 이는 연 기준으로 약 −3표준편차에 해당하는 수치. 확률적으로 이러한 일은 741년에 한 번 일어나야 정상이다. 그러나 지난 세기만 해도 1931년−43.25퍼센트, 1937년−35.02퍼센트, 2008년에 걸쳐 세 번이나 일어났다.

유진 파머가 말했듯이 '인생은 팻 테일fat tail: 정규분포와 달리 극단으로 갈수록 두꺼워지는 분포'이다. 팻 테일을 다른 말로 표현하면 블랙 스완검은 백조이 된다. 과거 데이터를 통계적으로 분석하지 않아도 금융사를 깊이 공부하면 리스크에 대한 분명한 인식을 갖게 된다. 따라서 역사를 많이 알수록 블랙 스완의 수는 줄어든다.

사실 이러한 이야기는 대부분 요점을 벗어난 것이다. 투자자에게 가장 큰 위험은 죽기 전에 자산을 모두 잃는 것이다. 이러한 위험을 조망하려면 긴 안목이 필요하다. 모든 방면에 걸친 역사의 부침 때문에 통계적으로 과거 데이터에 접근하면 상식을 벗어나는 수치를 많이 보게 된다.

은퇴자금과 관련하여 가장 흔하게 활용되는 통계적 도구는 몬테카를로 분석이다. 이 방법은 주어진 인출 패턴에 대하여 다수의 정규분포 수익률을 계산하는 것이다. 몬테카를로 분석에 따른 결과는 매우 직관적이다. 초기 자산이 많을수록 은퇴자금에 적은 돈을 쓴다. 또한 더 많은 자산을 연금화 할수록 성공률이 높아진다.

은퇴자금에 대한 많은 말들이 있지만 70세 이하 은퇴자들을 위한 최고의 리스크 분석법은 다음과 같다. 인출률이 2퍼센트인 경우 치명적인 파국 만 일어나지 않으면 당신의 자산은 안전할 것이다. 인출률이 3퍼센트인 경우 거의 안전하다고 보면 된다. 인출률이 4퍼센트인 경우 리스크를 무 릅쓰고 있다고 보아야 한다. 그리고 인출률이 5퍼센트 이상인 경우 자산 의 전부 혹은 대부분을 연금화하는 것을 고려해야 한다.

그러나 어떤 자산군도 2008년 후반기에 116일 가운데 45일 동안 5 퍼센트 이상 오르내린 부동산 투자신탁만큼 많은 위산을 분비시키지는 않았다. 게다가 10퍼센트 이상 오르내린 날이 16일, 15퍼센트 이상 오 르내린 날이 3일그 중 2일은 상승이었다.[8]

변동성에 대하여 기억해야 할 요점은 극심한 등락이 발생한 날들 중 에서 순매수나 순매도만 일어난 날은 없다는 것이다. 하락폭이 가장 컸던 날에도 매수자는 있었고, 상승폭이 가장 컸던 날에도 매도자는 있었다. 논평가들은 종종 주가가 하락하면 '매도자들이 시장을 점령했다'고 말하고, 상승하면 '관망하던 자금이 유입되었다'고 말한다. 그러나 사실은 그렇지 않다. 주식을 사기 위하여 유입된 돈만큼 매도자금이 유출되기 때문이다. 앞으로 헛소리를 해대는 사람들은 금융경찰에게 혼이 나야 마땅하다. 다시 말하지만 모든 매도자에게는 매수자가 있고 그 반대도 마찬가지다. 변하는 것은 거래가 이루어지는 가격뿐이다. 호재가 발생하면 적극적인 매수자들이 기존 보유자들의 매도를 유도할 수 있는 수준까지 주가가 상승한다. 반대로 악재가 발생하면 잠재적인 매수자들이 적절한 보상을 얻을 수 있다고 생각하는 수준까지 주가가 하락한다.

다시 말해서 기업의 전망이 아무리 좋아도 매수자가 적절한 보상을 얻을 수 없는 수준을 넘는 가격이 존재한다. 마찬가지로 기업의 전망이 아무리 나빠도 매력적인 보상을 기대할 수 있는 수준을 밑도는 가격이 존재한다. 설령 그 확률이 낮아서 복권과 같다고 해도 말이다.

부동산 투자신탁의 경우를 다시 살펴보자. 분명히 부동산 투자신탁의 미래 수익률은 최근의 극심한 변동성을 보상하기에 충분할 만큼 높을 것이다. 그렇지 않다면 누구도 매수하지 않을 것이다. 그러나 일이 무조건 잘 풀린다는 보장은 없다. 리스크가 없으면 보상도 없다.

이처럼 높은 변동성과 리스크 프리미엄이 마지막으로 발생한 것은 대공황 때였다. 내가 아주 심술궂다면 그때 일어났던 일들을 자세히 풀어놓겠지만 나는 그런 사람이 아니다. 대신 미국 역사상 최악의 약세장에서 기록한 수익률을 간단하게 보여주겠다.

자산군	수익률 1929. 9–1932. 3
대형 성장주	−81.4%
대형 가치주	−89.7%
소형 성장주	−86.1%
소형 가치주	−88.4%

출처: http://mba.tuck.dartmouth.edu/pages/faculty/ken.french/data_library.html.

신 과 의 주 사 위 놀 음

위의 표와 최근의 금융위기에서 알 수 있듯이 포트폴리오를 주식으로만 채워서는 안 된다. 거기에는 두 가지 이유가 있다. 첫째, 어떤 투자자도 포트폴리오의 절반 이상을 잃을 용기는 없다. 표에서 50퍼센트의 손실을 보는 일과 실제 계좌에서 50퍼센트의 손실을 보는 일은 완전히 다르다. 이는 비행 시뮬레이터로 비상착륙을 연습하는 일과 실제 비상착륙이 완전히 다른 것과 같은 이치다.

두 번째 이유는 파스칼의 도박Pascal's Wager이다. 유명한 프랑스 철학자인 파스칼은 다음과 같은 논리로 신에 대한 믿음을 변호했다. 신이 존재하지 않는다고 가정하자. 그러면 무신론자들이 이기고 유신론자들은 진다. 그러나 신이 존재한다면 상황은 반대가 된다. 이때 두 진영의 입장에서 내기에서 진 대가는 확연히 다르다. 신이 존재하지 않는다면 독실한 신자들이 잃는 것은 종교적 계율 때문에 억제했던 쾌락뿐이다. 그러나 신이 존재한다면 무신론자들은 영원히 지옥불 속에서 고통 받아야 한다. 따라서 합리적인 사람이라면 신을 믿는 편이 낫다.

마찬가지로 합리적인 투자자들은 앞으로 경제가 회복되고 주가가 상승할 것이라고 믿을 것이다. 이러한 믿음이 확고하다면 포트폴리오를 주식으로만 채우는 것이 올바른 대응이다. 그러나 미래의 일을 확신할 수는 없다. 여전히 대공황 때와 같은 일이 재연될 가능성이 존재한다. 다만 주식과 우량 채권에 반반씩 투자하면 예상과 달리 주가가 폭락하더라도 살아남을 수 있다. 혹은 예상대로 주식시장이 살아나면 잃는 것은 주식에 올인하지 않았기 때문에 손해 보는 추가 이익뿐이다.

> 언제나 파스칼의 도박처럼 예상이 틀릴 경우 포트폴리오에 어떤 일이 생길지 고려하라.

그러나 주식에 올인했다가 예상이 틀리면 어떻게 될지 생각해보라. 심각한 난관에 봉착한다. 그래서 현명한 투자자는 채권으로 리스크를 분산한다. 설령 예상이 틀려도 주식에 올인한 경우처럼 어려운 상황에 처하지는 않기 때문이다. 여기서 우리는 투자의 핵심적인 명제를 얻을 수 있다. 투자의 진정한 목표는 부자가 될 확률을 극대화하는 것이 아니라 가난하게 죽을 확률을 최소화하는 것이다.

이 말이 무엇을 의미하는지 생각해보라. 일반적인 투자관은 가능한 높은 수익률을 추구해야 한다는 것이다. 그래서 신중하게 고른 소수의 종목으로만 포트폴리오를 구성하는 것이 최선이라는 말도 나온다. 이러한 논리가 틀린 것은 아니다. 엄청난 부자가 되고 싶다면 제2의 마이크로소프트를 찾아서 올인하는 것이 가장 확률이 높다. 문제는 망하는 기업들이 너무 많아서 가난하게 될 확률까지 극대화된다는 것이다. 믿기지 않는다면 100년 전의 신문에서 증권란을 살펴보라. 너무나 많은 상장기업들이 사라졌다는 점에 놀라게 될 것이다.

천사를 찾는 유진 파머

여러분이 어떤 생각을 할지 짐작이 간다. '당신이 계산한 낮은 수익률은 잘못되었어! 나는 혼자 힘으로 유망종목을 발굴할 수 있어. 아니면 투자상담사를 찾아가든지 언론에 나오는 전문가의 힘을 빌리면 돼. 그러면 다시 폭락장이 오기 전에 큰 수익을 내고 팔 수 있어.' 라고 생각할 것이다.

하지만 이러한 전략은 소용이 없다. 90퍼센트의 투자자들이 종목을 고를 수 없는 이유는 간단하다. 당신이 주식이나 채권을 사고팔 때마다 거래 상대방이 있기 마련이다. 그리고 그들은 대개 골드만삭스, 핌코PIMCO, 워런 버핏일 것이다.

버핏과 거래하는 것보다 더 불리한 일은 누구보다 내부사정에 훤한 해당기업의 경영진과 거래하는 것이다. 개별 종목을 거래하는 일은 보이지 않는 상대와 테니스를 치는 것과 같다. 문제는 상대가 정상급 프로선수일 가능성이 높다는 점이다.

일반투자자들이 시장을 이기지 못하는 문제를 더 깊이 파고들려면 앞서 수차례 언급한 사람과 친숙해져야 한다. 그 사람이 바로 유진 파머다. 보스턴의 노동자 가정에서 성장한 그는 가톨릭학교를 졸업하고 터프츠 대학에 진학하여 해리 언스트Harry Ernst 밑에서 경제학을 배웠다. 언스트는 골프를 사랑하는 경제학자로 주가의 패턴에 관심이 많았다.

파머는 원래 프랑스어를 전공했지만 결혼 후 보다 현실적인 전공으로 눈을 돌렸다. 그가 선택한 것은 경제학이었다. 언스트는 그를 연구조교로 삼았다. 파머에게 주어진 일은 수익성 있는 매매규칙을 찾는 것이었다. 그는 많은 규칙을 찾아냈다고 생각했다. 그러나 사후에는ex post 잘 들어맞았던 규칙들이 사전에는ex ante 형편없이 틀리고 말았다.

사전과 사후라는 말은 투자에 있어서 매우 중요한 의미를 지닌다. 사후에 잘 들어맞는 규칙을 찾는 일은 정말 쉽다. 그러나 사전에도 유효한 규칙을 찾는 일은 어렵다. 결국 파머는 수익성 있는 매매규칙을 하나도 찾지 못했다.* 언스트는 파머가 제시한 통계적 샘플을 대상으로 전략을 검증한 끝에 실패했다는 결론을 내렸다.

우선 사후 문제부터 살펴보자. 당신이 수익을 내는 종목의 열 가지 특성을 찾았다고 가정하자. 그러면 각 특성에 따른 열 가지 전략이 나온다. 이것이 전부가 아니다. 열 가지 중에서 두 가지를 결합하면 45가지, 세 가지를 결합하면 120가지 전략이 나온다.** 이처럼 전략의 수는 거의 무한하게 나올 수 있다. 따라서 투자자가 순전히 우연으로 큰 수익을 안겨주는 전략을 찾아낼 수도 있다. 그렇다고 해서 그가 전략의 유효성을 미리 안 것은 아니다. 통계학자들은 이러한 사후 분석을 '데이터 마이닝data mining'이라고 부른다. 데이터 마이닝이 제공한 흥미로운 사례들이 많다. 그 중 하나는 한 연구자가 S&P 500의 수익률과 방글라데시의 버터 생산량 사이에 거의 완벽한 상관관계가 존재한다는 사실을 발견한 것이다.[9] 무작위적인 변수는 일부 전략들이 사후적으로 수익성을 보장하는 것처럼 보이게 만든다. 그러나 이 전략들은 사전적으로는 거의 예외 없이 실패한다.

이 문제를 보다 자세히 살펴보기 위해 1만 명이 들어 찬 경기장을 상상해보자. 이 사람들이 모두 일어서서 동전을 던진다. 이때 동전의 뒷

---

* Peter L. Bernstein, Capital Ideas: The Improbable Origins of Modern Wall Street(Free Press, 1993), 126-127.
** $(10!/[8!2!]) = 45; (10!/[7!3!]) = 120$

면이 나오면 앉고 앞면이 나오면 다시 동전을 던진다. 확률의 법칙에 따르면 10번을 던지고 나면 약 10명이 남는다. 투자전략 역시 마찬가지다. 전략의 수가 많으면 순전히 운에 따라 일부 전략은 좋은 성과를 낸다. 문제는 그렇다고 해서 미래에도 운이 유지된다는 보장이 없다는 것이다.

파머는 장기적으로 주가 추이를 정확하게 예측할 수 있는 사람은 없다는 사실을 깨달았다. 무작위적인 운의 작용만으로도 일부 펀드 매니저는 뛰어난 성과를 올린다. 그러나 누구도 평균의 법칙을 비켜가지는 못한다. 따라서 과거 실적을 보고 펀드 매니저를 고르는 것은 멍청한 짓이다. 많은 사람들 중에서 누군가는 이기기 마련이지만 여전히 다음 동전 던지기의 확률은 반반이다.

파머는 나중에 시카고 대학에서 박사학위를 받고 뛰어난 경력을 쌓았다. 그의 대표적 성과는 '효율적 시장 가설efficient market hypothesis'을 수립한 것이다. 이 가설에 따르면 모든 정보는 금융자산의 가격에 반영된다.* 이 말은 두 가지 의미를 갖는다. 첫째, 종목 선정은 아무런 쓸모가 없다. 둘째, 주가는 새로운 정보, 즉 돌발재료에 의해서만 움직인다. 돌발재료는 원래 예측할 수 없다. 따라서 주가는 순전히 무작위적인 패턴으로 움직인다.

효율적 시장 가설은 금융계를 뒤흔들었다. 무엇보다 기술적 분석이라는 투자전략의 한 축을 완전히 폐기시켰다. 기술적 분석가들은 '이

---

* 효율적 시장 가설에는 세 가지 형태가 있다. 공개 정보와 비공개 정보가 모두 반영된다고 보는 강형, 공개 정보만 반영된다고 보는 준강형, 과거의 정보만 반영된다고 보는 약형이 그것이다.

중 바닥', '머리어깨형' 같은 과거의 패턴을 근거로 미래의 움직임을 예측한다. 그러나 효율적 시장 가설은 기술적 분석이 점성술에 불과하다고 결론짓는다. 파머는 그런 면에서 점성술사들을 크게 욕할 일이 아니라고 말한다.*

슈퍼스타의 몰락

효율적 시장 가설이 투자자에게 의미하는 바는 대단히 명확하다. 그것은 시장의 타이밍을 맞추려하지 말고, 종목이나 펀드 매니저를 고르지도 말라는 것이다.

단지 운이 좋았던 사람이 실력자 행세를 한 대표적인 사례는 레그 메이슨 밸류 트러스트Legg Mason Value Trust를 운용한 윌리엄 밀러William Miller다. 그는 1991년부터 2005년까지 해마다 S&P 500의 수익률보다 뛰어난 수익률을 기록했다. 사람들은 운이 좋다고 해서 이 정도 성과를 올릴 수는 없기 때문에 그는 틀림없이 대단한 투자실력을 가졌다고 믿었다. 그리고 이 천재에게 돈을 맡기지 않는 것은 바보짓이라고 생각했다.

그러나 밀러에게 돈을 맡기지 않은 것은 결코 바보짓이 아니었다. 그는 2006년부터 2008년까지 형편없는 실적을 낸 나머지 지난 15년 동안 쌓은 수익을 대부분 날려버렸다. 결국 최종적으로 그는 1991년부터 2008년 말까지 7.9퍼센트의 S&P 500 수익률보다 약간 높은 8.5퍼센트

---

* 개별 주식과 전체 시장의 가격 변동에 예측성이 존재한다는 일부 증거가 있다. 그러나 그 효과가 너무 미미해서 수익을 내기가 거의 불가능하다. 이 문제는 6장에서 다시 다룰 것이다.

수익률을 올리는 데 그쳤다. 그나마 이처럼 시장수익률보다 약간 높은 수익률이라도 올리려면 1991년부터 그에게 돈을 맡겼어야 했다. 그러나 당시 운용자산은 7억 5천만 달러에 불과했다. 운용자산이 여전히 9억 달러 수준이던 1993년 이후 펀드에 가입한 사람들은 시장수익률조차 얻지 못했다. 1998년 무렵부터 유명세를 얻기 시작하면서 운용자산은 80억 달러로 불어났다. 그해 말에 펀드에 가입하여 10년 동안 보유한 사람들은 시장수익률보다 거의 4퍼센트를 손해 보았을 것이다.[10]

> 주식시장에서는 올해의 영웅이 내년의 원수가 되기 쉽다.

밀러는 2006년 무렵에는 200억 달러에 달하는 자금을 잘못 운용하여 시장수익률을 15퍼센트 넘게 밑도는 초라한 성적을 냈다. 이러한 사례가 희귀하다면 여기서 따로 언급할 필요가 없을 것이다. 하지만 개인투자자들은 해변에서 개가 갈매기를 쫓듯이 맹목적으로 수익률을 쫓는다. 레그 메이슨 밸류 트러스트가 가입자들이 적었던 초기에 높은 수익률을 올리자 수많은 사람들이 몰려들었다. 그러나 나중에 수익률이 저조해지면서 가입자들은 큰 손해를 보았다. 문제는 이러한 일이 계속 반복된다는 것이다. 나는 『투자의 네 기둥』에서 밀러만큼 인기를 누렸던 로버트 샌본Robert Sanborn이라는 펀드 매니저의 사례를 소개했다. 지금 이 두 사람의 이름은 잊혀진지 오래다. 장담컨대 10년 후에는 분명히 또 다른 밀러나 샌본의 사례가 등장할 것이다.[11]

밀러가 뛰어난 투자실력을 가졌을 수도 있다. 그러나 그는 다른 펀드 매니저들처럼 두 가지 핸디캡 때문에 갈수록 어려움을 겪었다. 첫째, 그의 펀드는 1.75퍼센트의 운용수수료를 매겼다. 이 수수료는 가입자들의 수익에서 바로 빠져나갔다. 둘째, 초기에는 운이 좋았던 펀드 매니저들은 '자산 팽창asset bloat'으로 파멸의 씨를 뿌렸다. 밀러는 실적이 좋았던 1995년부터 2006년 사이에 해마다 더 많은 자금을 끌어모았다. 개인투자자가 수백 주의 주식을 매매해도 주가에는 별다른 영향을 미치지 못한다. 그러나 밀러처럼 수십 억 달러를 운용하는 경우는 사정이 다르다. 가령 그가 수백만 주의 은행주를 사려고 하면 매집이 끝나기도 전에 주가가 급등해 버리고 만다. 그리고 매집이 끝나면 주가는 다시 급락해 버린다. 매도 시에도 같은 현상이 벌어지기 쉽다. 결국 그의 펀드는 개인투자자나 소규모 펀드들보다 비싼 가격에 사서 싼 가격에 팔아야 했다. 금융전문가들은 대형 기관투자자들의 매매에 따른 장기적 손실을 거래비용으로 간주했다. 때로 이 거래비용은 운용수수료보다 훨씬 컸다.

종말이 가까워지면서 밀러의 펀드는 도자기 가게에 뛰어든 황소처럼 가는 곳마다 손실을 냈다. 게다가 가입자들 중 다수는 파티가 악몽으로 끝나기 직전에 들어온 상태였다. 밀러와 펀드 가입자들 그리고 운용성적만을 중시하는 이전 세대의 투자자들은 나심 탈렙Nassim Taleb이 쓴 책[12]의 제목처럼 무작위성의 속임수에 속아 넘어갔다. 뛰어난 투자성과를 낸 펀드 매니저를 찾는 일은 투자의 위인이론Great Man Theory of Investing으로 불린다. 투자자들은 위인이 범인으로 전락하는 순간 다른 위인을 찾아나선다.

그렇다면 워런 버핏은 어떨까? 틀림없이 그는 뛰어난 투자실력을 가진 전설적인 투자자다. 그러나 그 역시 밀러와 같은 자산 팽창 문제를 겪었다. 1998년부터 2008년까지 그가 운영하는 지주회사인 버크셔 해서웨이Berkshire Hathaway는 연 3.27퍼센트의 수익률을 올렸다. 같은 기간

S&P 500 수익률이 −1.38퍼센트라는 점을 감안하면 준수한 성적이라고 볼 수 있다. 그러나 버핏은 가치투자자라는 사실을 기억할 필요가 있다. 버크셔 해서웨이의 10년 수익률은 보수적으로 운용되는 DFA 대형주 펀드의 2.15퍼센트를 넘어섰지만 DFA 소형주 펀드의 7.55퍼센트에는 한참 못 미쳤다.

사실 버핏은 펀드 매니저라기보다는 기업가에 가깝다. 그는 기업을 인수하면 한구석에 명목상의 작은 사무실을 차리고 경영을 돕는다. 게다가 그의 성공비결은 더 이상 비밀이 아니다. 시장은 버크셔가 보유한 종목에 버핏 프리미엄을 부여한다. 그래서 해당 종목을 매수하는 사람들은 더 많은 돈을 지불해야 한다. 그러나 오마하의 현인은 나이를 먹고 있으며, 그가 떠나면 버핏 프리미엄은 곧 사라질 것이다.

위인 탐색에 가장 열을 올리는 쪽은 소식지 분야다. 소식지들은 시장의 타이밍을 맞출 수 있다는 주장을 팔아먹는다. 이 책을 읽은 사람들은 이제 그런 말을 회의적으로 받아들일 수 있을 것이다.

캠벨 하비Campbell Harvey와 존 그레이엄John Graham은 이 문제에 대하여 가장 구체적인 연구를 한 금융학자다. 두 사람은 132개 소식지가 제시한 236가지 전략성과를 분석했다. 그 결과 시장수익률을 조금이라도 상회한 전략은 아주 드물었다. 또한 시장수익률을 10퍼센트에서 40퍼센트 밑도는 전략이 적지 않았다. 이 정도면 우연으로 볼 수 없는 수준이다.[13] 소식지의 전략에는 일시적인 '신들린 손hot hands' 현상이 존재했다. 서너 달 동안 좋은 실적을 낸 전략도 다른 전략들보다 나을 뿐 시장수익률을 상회하는 경우는 드물었다. 또한 효과가 일시적이어서 좋은 실적을 내는 전략이 계속 바뀌었다. 이러한 일시적인 효과의 덕을 보려면 132개 소식지를 모두 구독하면서 그달의 신들린 손이 어디인지 결정해야 한다. 하비와 그레이엄은 이 문제에 대한 흥미로운 해결책을 제시했다. 바로 최악의 실적을 내는 소식지를 골라서 추천하는 방향과 반대로 투자하는 것이다.

존 보글의 승리

최고의 펀드 매니저조차 지속적으로 시장수익률을 이기지 못한다면 어떻게 해야 할까? 이 문제를 더 깊이 살펴보기 전에 앞서 잠깐 언급한 존 보글*을 소개할 필요가 있다.

파머처럼 가난한 가정에서 태어난 보글은 1951년에 프린스턴 대학을 우등으로 졸업했다. 그는 '투자회사의 경제적 역할The Economic Role of the Investment Company'이라는 졸업논문에서 뮤추얼 펀드 산업의 미래를 위한 조언을 제시했다. 머지않아 이 조언은 모든 사람들의 투자방식을 바꾸어 놓았다. 그의 이론은 「뮤추얼 펀드 상식Common sense on mutual funds」으로 출간되었다.

보글은 대학을 졸업한 후 웰링턴 자산관리사에 들어갔다. 1960년대는 기술주 거품이 부풀던 1990년대와 비슷한 시대였다. 1990년대에 닷컴이라는 이름만 붙이면 주가가 뛰었듯이, 1960년대에는 수많은 부실기업들이 단지 '트로닉스tronics'라는 이름을 가졌다는 이유로 수명을 연장해갔다. 그러나 이 기업들은 오래 가지 못했다.

---

*오랫동안 나는 보글과 친분을 유지해 왔다. 그러나 사업적으로는 얽힌 부분이 없다. 그리고 그가 설립한 뱅가드 그룹을 좋아하기는 하지만 아무런 지분도 갖고 있지 않다. 또한 1999년에 타의로 회장에서 물러난 이후 보글과 뱅가드 그룹의 관계가 껄끄럽다는 것은 널리 알려진 사실이다.

역사는 종종 역경에 대처하는 자세를 보고 사람을 평가한다. '트로닉스' 기업들의 몰락은 보글에게 많은 영향을 끼쳤다. 첫째, 그는 파머처럼 개별 종목을 선정하는 일에 따른 비용과 리스크를 인식했다. 둘째, 그는 해고당했다. 그러나 순순히 물러날 그가 아니었다. 웰링턴을 자신의 회사처럼 생각했던 그는 이사들을 설득하여 별도의 펀드회사를 세웠다. 이 싸움은 여러 모로 공정하지 않았다.

보글은 졸업논문을 쓰면서 1940년에 제정된 투자기업법을 속속들이 익혔기 때문이다. 포화가 걷힌 후 그는 뱅가드라는 자신의 회사를 손에 넣고 혁명을 시작했다. 혁명의 시작은 펀드를 운용하는 별도의 서비스 회사를 세우고 거기에 뱅가드라는 이름을 붙인 것이었다. 그는 투자기업법의 복잡한 조항을 이용하여 회사의 소유권을 자신이 아닌 뮤추얼 펀드에 부여했다. 따라서 뱅가드의 펀드에 가입하는 사람들은 뱅가드라는 회사의 지분을 소유하는 셈이 되었다. 당연히 모든 수익은 펀드 가입자에게 돌아갔다. 근본적으로 보글은 뱅가드를 전적으로 고객의 이익만을 위해 운영되는 비영리조직으로 만들었다. 과거 미네소타 뮤추얼Minnesota Mutual과 같은 대형 보험사들이 이런 방식으로 운영되기는 했지만 투자업계에서는 처음 있는 일이었다.

그 다음 보글은 파머의 연구결과를 뮤추얼 펀드 운용에 적용했다. 당시 많은 대형 뮤추얼 펀드들은 1.5퍼센트의 운용수수료를 부과했다. 효율적 시장 가설에 따르면 어떤 펀드도 장기적으로 시장수익률을 넘어설 수 없다. 그들 자체가 시장이기 때문에 비용을 감당할 수가 없는 것이다. 보글은 업계의 평균 수익률을 계산해보았다. 그 결과 시장수익률보다 1.5퍼센트 뒤진 것으로 나타났다. 보글은 효율적 시장 가설이 옳다는 확신을 얻었다. 그래서 기존 펀드의 대안으로 나온 것이 세계 최초의 인덱스 펀드였다. 처음에는 '보글의 바보짓'으로 업계에서 무시당했던 뱅가드 500 인덱스 펀드는 머지않아 세계 최대의 뮤추얼 펀드가 되었다.[14]

곧 보글의 뒤를 따르는 사람들이 나타났다. 앞서 언급했던 데이비드 부스도 시카고대 MBA 출신인 렉스 싱크필드Rex Sinquefield와 함께 1982년에 DFA를 만들었다. 두 사람은 지수를 추종하는 소극적인 투자전략을 고수했다. 그 다음으로 처음에는 새로운 추세를 무시했던 대형 펀드 회사들이 인덱스 펀드 상품을 내놓기 시작했다. 1990년대에는 ETF라는 새로운 투자상품이 등장했다. ETF는 인덱스 펀드와 같은 투자전략에 따라 운용되지만 개별 종목처럼 거래되는 일종의 뮤추얼 펀드다.

인덱스 펀드에도 약간의 차이가 있다. 먼저 지수를 구성하는 전체 종목을 매수하는 펀드가 있다. 이를 인덱싱Indexing이라고 부른다. S&P 500의 구성종목은 스탠더드 앤 푸어스Standard & Poor's의 심사위원회가 정하며, 해마다 일부 종목이 변경된다. S&P 500 인덱스 펀드는 이러한 변화를 그대로 반영한다. 또한 러셀 2000은 시가총액 1,001위부터 3,000위에 해당하는 종목들로 구성된다.

지수 구성종목을 전부 매수하는 운용방식은 변동이 있을 때마다 퇴출되는 종목을 팔고 편입되는 종목을 사야하기 때문에 번거롭고 비용이 많이 든다. 따로 심사위원회가 있는 S&P 500과 달리 기계적으로 편입 여부가 결정되는 러셀 2000의 경우 거래비용 문제가 더욱 심하다. 투기자들이 사전에 퇴출될 종목과 편입될 종목을 쉽게 예측할 수 있기 때문이다. 그들은 사전에 편입 종목을 매수하고 퇴출 종목을 매도하는 선행매매로 러셀 2000을 추종하는 인덱스 펀드에 손해를 입힌다.

반면 구성종목의 변경이 최소화된 별도의 지수를 만들어서 운용하는 펀드도 있다. DFA는 시가총액이나 자산가치를 기준으로 요건을 정한 후 해당 종목 중에서 거래비용이 저렴한 종목들을 매수한다. 그래야 투기자들의 선행매매를 막을 수 있기 때문이다.

덜 알려진 지수를 추종하는 펀드도 있다. 뱅가드는 S&P와 로열티 문제로 분쟁을 겪은 후 대다수 인덱스 펀드의 추종 지수를 모건 스탠리 캐피털 인덱스Morgan Stanley Capital Indexes: MSCI로 바꾸었다. MSCI는 S&P 500보다 추종하는 인덱스 펀드가 적다.

일부 펀드는 구성종목의 변경이 거의 없는 '전체 시장' 지수를 추종한다. 그들이 추종하는 가장 대표적인 펀드가 윌셔 5000이다. 원래 상위 5,000개 기업들을 포괄했던 이 지수는 현재 거의 모든 미국 국내기업들에 해당하는 6,700개 기업들로 구성된다. 그래서 기업이 파산하거나 인수 내지 흡수되지 않는 한 퇴출되지 않기 때문에 다른 지수의 경우처럼 거래비용을 유발하지 않는다.

적극적으로 종목을 선정하는 방식에 비해 지수를 추종하는 방식은 장기적으로 엄청난 이점을 누린다. 먼저 적극적인 운용방식의 평균 비용을 살펴보자.

	대형주	소형주/해외주	신흥시장
비용률	1.3%	1.6%	2.0%
수수료	0.3%	0.5%	1.0%
호가 스프레드	0.3%	1.0%	3.0%
시장충격비용	0.3%	1.0%	3.0%
전체	**2.2%**	**4.1%**	**9.0%**

첫 번째 줄은 관리비를 비롯한 비용의 합계, 두 번째 줄은 매매수수료, 세 번째 줄은 매수호가와 매도호가의 차이, 네 번째 줄은 밀러의 사례에서 언급했던 대량매매에 따른 비용을 보여준다. 세 번째와 네 번째 줄의 비용을 합하면 이 장에서 논의한 거래비용이 된다.

> 액티브 펀드는 때에 따라 성과는 달라지고 비용은 지속적으로 발생한다. 장기적으로 거래비용을 극복하는 펀드는 소수다.

비용률은 연례보고서나 투자안내서 혹은 인터넷에서 쉽게 확인할 수 있다. 수수료는 다소 노력이 필요하고 거래비용은 일반인이 확인할 수 없다.*

액티브 펀드는 세금 측면에서도 불리한 점이 있다. 포트폴리오 회전율이 높으면 자본소득세의 과세대상에 해당되기 때문이다. 일반적인 대형주 펀드는 해마다 자산의 5퍼센트에서 10퍼센트를 가입자들에게 분배한다. 이 금액에는 15퍼센트의 연방세와 별도의 주세가 부과된다. 따라서 은퇴계좌를 제외한 다른 투자계좌로 주식투자를 할 경우 1퍼센트 가량의 추가 세부담을 져야 한다.

이 간단한 계산만으로도 대다수 뮤추얼 펀드의 존재 이유가 위협받는다. 위에서 열거한 문제들을 고려할 때 액티브 펀드가 생존할 수 있는 가능성에 의문을 제기하지 않을 수 없다. 그러나 담배 산업과 총기 산업처럼 뮤추얼 펀드 산업도 불편한 진실을 합리화하는데 뛰어나다.

---

*플렉서스 그룹(Plexus Group) 같은 개인 회사들은 일반 고객들에게 거래비용 데이터를 제공한다.

다음은 그들이 내세우는 빈약한 합리화 중에서 귀가 얇은 투자자들이 잘 속는 것들이다.

- **인덱스 펀드는 지난해에 형편없는 실적을 냈다.** 때로 이 주장은 사실이다. 금융시장은 통계적 잡음들로 가득하기 때문에 액티브 펀드가 대형주 펀드의 평균 비용인 2.2퍼센트를 감당하기에 충분한 실적을 내는 해도 있다. 특히 S&P 500이 부진한 해에는 S&P 500 인덱스 펀드가 수익률이 나은 다른 자산군을 고를 수 있는 액티브 펀드보다 못한 실적을 내기 쉽다. 가령 모닝스타Morningstar의 자료를 보면 1977년, 1978년, 1979년에 뱅가드 S&P 500 인덱스 펀드보다 못한 실적을 낸 주식 펀드의 비율은 각각 15퍼센트, 25퍼센트, 28퍼센트에 불과하다. 그러나 장기적으로 인덱스 펀드는 액티브 펀드보다 나은 실적을 낸다. 2008년 12월 기준으로 과거 15년 동안 뱅가드 인덱스 500 펀드는 액티브 펀드의 73퍼센트, 전체 주식시장 펀드는 액티브 펀드의 68퍼센트보다 나은 실적을 냈다.

- **인덱스 펀드는 미국 대형주에는 잘 맞지만 소형주와 해외주에는 맞지 않는다.** 이 자산군에는 적극적 관리가 필요하다. 이 주장은 옳다고 보기 어렵다. 설령 옳다고 해도 소형주와 해외주는 거래비용이 많이 든다. 지난 10년 동안 뱅가드 전체 해외시장 펀드는 액티브 펀드의 69퍼센트보다 나은 실적을 냈다. 또한 지난 15년 동안 DFA 미국 소형주 펀드와 소형 가치주 펀드는 각각 액티브 펀드의 73퍼센트와 80퍼센트보다 나은 실적을 냈다.

- **하락장에서는 액티브 펀드가 더 나은 실적을 낸다.** 이 주장은 옳지 않다. 리퍼Lipper의 자료를 보면 1973년 1월부터 1974년 9월까지 국

내 주식 펀드는 평균적으로 47.9퍼센트의 손실을 냈지만 S&P 500 인덱스 펀드는 42.6퍼센트의 손실을 냈다. 1987년 9월부터 11월 사이에는 액티브 펀드가 28.7퍼센트의 손실을 냈고, S&P 500 인덱스 펀드가 29.5퍼센트의 손실을 내기는 했지만 그 차이는 크지 않다. 게다가 액티브 펀드는 대개 자산의 5퍼센트에서 10퍼센트를 현금으로 보유하기 때문에 더 나은 실적을 내야 마땅하다. 끝으로 2008년에 뱅가드 500 인덱스 펀드는 모닝스타의 대형 혼합형 펀드 부문에 속한 펀드의 62퍼센트보다 나은 실적을 냈다. 액티브 펀드들의 현금보유율을 감안하면 놀라운 성과가 아닐 수 없다.

• **인덱스 펀드는 미미한 실적밖에 내지 못한다.** 이 말은 미미한 실적이 장기적으로 경쟁자들의 60퍼센트에서 80퍼센트보다 나은 실적을 의미한다면 옳다. 빌 셜시스Bill Schultheis의 비유에 따르면 액티브 펀드는 투자자에게 다음과 같은 수익이 든 10개의 상자를 제시한다.

$1,000	$2,000	$3,000	$4,000	$5,000
$6,000	$7,000	$8,000	$9,000	$10,000

반면 인덱스 펀드는 8천 달러의 보장된 수익을 제공한다. 적극적 펀드투자자가 9천 달러나 1만 달러가 든 상자를 고르면 인덱스 펀드에 투자한 경우보다 나은 수익을 누릴 수 있다. 그러나 대부분의 경우에는 보장된 8천 달러의 수익을 선택하는 편이 더 낫거나 훨씬 낫다.[15]

셜시스의 비유는 인덱싱 전략에 대한 합당한 비판의 근거를 제공한다. 인덱싱 전략은 결코 홈런을 치지 못한다. 이 문제는 투자의 진정한 목적에 대한 것이다. 앞서 언급했듯이 투자의 진정한 목적은 늙어서 거부가 되는 것이 아니라 거지가 되지 않는 것이다. 그래도 액티브 펀드를 원한다면 그렇게 하라. 다만 그 선택에 따른 리스크는 분명히 알아야 한다.

10년에서 15년에 걸쳐 펀드의 3분의 1이 인덱스 펀드보다 나은 수익률을 올렸다는 사실에 주목하는 사람도 있을 것이다. 하지만 그럴 필요가 없다. 첫째, 이 자료는 인덱스 펀드의 이점을 과소평가한다. 모닝스타의 데이터베이스는 소위 '생존 편향'을 지닌다. 다시 말해서 인덱스 펀드보다 부진한 실적을 내서 시장에서 사라진 수백 개의 펀드는 자료에 반영되지 않는다. 둘째, 지난 10년 동안 시장수익률이 낮게 나오는 바람에 현금보유율이 높은 적극적 펀드들이 이점을 누렸다. 그러나 이러한 추세는 곧 역전될 것이다. 셋째, 밀러의 사례에서 알 수 있듯이 15년에 걸친 오랜 기간에도 여전히 운의 작용이 커다란 영향을 미친다.

똑똑한 것보다 운이 좋은 것이 낫다

운과 실력 사이의 상관관계는 금융계에서 흔히 오해받는 개념 중 하나다. 그림 2.3은 둘 사이의 관계를 단순하게 도식화한 것이다.

실력이 뛰어나지만숙련 운이 나쁜불행 펀드 매니저는 저주의 영역에 속하고, 실력이 부족하지만미숙 운이 좋은다행 펀드 매니저는 요행의 영역에 속한다. 이 그림에서 운의 정도를 나타내는 가로축은 실력의 정도를 나타내는 세로축보다 의도적으로 더 길게 설정되었다. 운이 실력보다 실적에 더 큰 영향을 미치기 때문이다. 그러면 밀러와 샌본은 축복의

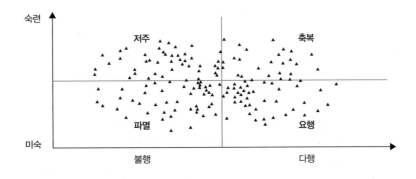

〔그림 2.3〕 운과 실력에 따른 분포

출처: 리처드 C. 그리놀드(Richard C. Grinold), 로널드 N. 칸(Ronald N. Kahn),
『적극적 포트폴리오 관리(Active Portfolio Management: McGraw-Hill, 1999)』, 479.

영역에서 저주의 영역으로 옮겨간 것일까, 아니면 요행의 영역에서 파멸의 영역으로 옮겨간 것일까? 투자자로서는 알 길이 없다.

종목 선정에 있어서 운이 실력보다 훨씬 큰 영향을 미친다는 사실은 아무리 강조해도 지나치지 않다. 설령 그 기간이 10년에서 20년에 이른다고 해도 말이다. 반면 인덱싱이나 소극적 관리에는 마술적인 요소가 전혀 없다. 포트폴리오를 분산하고 회전율을 최소화하며 낮은 수수료를 유발하는 펀드는 투자자들에게 충분한 가치를 제공한다.

채 권 펀 드

채권 투자에는 운의 작용이 훨씬 덜 미친다. 따라서 저비용 인덱싱/소극적 관리 전략의 이점이 더욱 명확하게 드러난다. 주식 종목 선정의 결과는 대단히 폭넓게 나타나지만 채권 포트폴리오 사이의 수익률 차이는 거의 없다. 따라서 낮은 수수료의 이점이 크게 두드러진다. 2008년 12월 기준으로 지난 10년 동안 뱅가드 단기채, 중기채, 장기채 인덱스 펀드는 각각 적극적 채권 펀드의 99퍼센트, 96퍼센트, 92퍼센트보다 나은 수익률을 기록했다. 그리고 지난 15년 동안 한시Limited, 중기, 장기 비과세 펀드인덱스 펀드는 아니지만 저렴한 비용으로 다양한 지방채를 보유하는 펀드는 각각 적극적 채권 펀드의 92퍼센트, 82퍼센트, 97퍼센트보다 나은 수익률을 기록했다.

주식과 채권은 재료에 불과하다. 다음 장에서는 이 재료들을 썰고, 자르고, 섞어서 포트폴리오를 요리하는 방법을 설명할 것이다. 그러면 지금까지 다룬 내용들을 정리해보자.

핵심 POINT

- 리스크와 보상은 동전의 양면과 같다. 장기적으로 높은 수익률을 올리려면 때로 큰 손실을 감수해야 한다. 안전한 자산은 낮은 수익률밖에 제공하지 못한다.

- 언제나 주식은 큰 손실을 입을 리스크에 노출된다. 반면 채권은 가치를 보존한다. 장기적으로 서로 다른 주식 종목군이 제공하는 수익은 엄청난 차이를 보일 수 있다. 따라서 모든 종목군을 보유하면 비참한 노년을 보낼 리스크를 최소화할 수 있다.

- 주식 수익률과 채권 수익률의 역사적 추이를 통해 많은 것을 알 수 있다. 무엇보다 리스크의 정도를 판단하는데 큰 도움이 된다. 그러나 미래 수익률을 예측하는 일에는 거의 쓸모가 없다. 절대 과거 수익률을 근거로 미래 수익률을 추정하지 마라. 특히 최근에 수익률이 아주 높거나 낮

은 경우에는 더욱 그렇다.

- 현명한 투자자는 배당률에 배당상승률을 더한 고든 방정식을 통해 주식의 미래 수익률을 추정한다. 채권의 경우에는 이자율에서 파산율을 뺀다.

- 경제적, 정치적 위기가 발생하면 투자 리스크가 높아진다. 그에 따라 주식과 채권의 가격이 하락하면서 미래 수익률이 높아진다. 이러한 시기에 투자하면 장기적으로 가장 높은 수익률을 올릴 수 있다. 반대로 낙관적인 시기에 투자하면 가장 낮은 수익률을 올리기 쉽다.

- 소형주와 가치주는 대개 시장수익률보다 약간 나은 수익률을 기록한다. 그러나 수익률의 편차가 크고 10년 넘게 시장수익률을 하회할 수도 있다.

- 현재 모든 위험한 자산군의 기대수익은 높은 편이다. 다만 기대수익은 최선의 추정치에 불과하기 때문에 도박처럼 완전히 상반된 결과가 나올 수도 있다.

- 포트폴리오는 가난한 말년을 보낼 리스크를 최소화하는 방향으로 구성해야 한다. 특정 자산군에 집중된 포트폴리오는 큰 수익을 낼 최선의 확률을 제공하지만 큰 손실을 낼 리스크도 극대화한다.

- 종목이나 펀드를 선정하거나 시장의 타이밍을 맞추려는 생각을 버려야 한다. 단기적으로 양호한 수익을 내더라도 이는 대부분 언제나 실력이 아니라 운 때문이다. 장기적으로는 밀러의 사례처럼 확률의 힘을 이기지 못한다. 따라서 최선의 선택은 비용을 최소화하여 수익을 극대화하는 것이다.

Chapter 3
포트폴리오의 속성

포트폴리오를 분산시키는 이유는 미래를 예측할 수 없기 때문이다.
－폴 사무엘슨Paul Samuelson[1)]

T h e   N a t u r e   o f   t h e   P o r t f o l i o

1989년 12월에 은퇴를 앞둔 한 일본인 투자자를 상상해보자. 당시 일본은 엄청난 호황을 누리고 있었다. 왕궁을 둘러싼 중심부 부동산의 가치가 캘리포니아 전체 부동산의 가치를 뛰어넘을 정도였다. 일본 기업들은 미국의 기업과 부동산을 마구 사들였다. 높은 가격경쟁력과 품질을 갖춘 일본산 자동차와 소비자제품은 유럽과 미국의 경쟁제품들을 쉽게 물리쳤다. 그래서 20년 안에 미국시장에서 도요타가 제너럴 모터스의 판매량을 따라잡을 거라는 예측이 나왔다.

당연히 일본 주식시장은 은퇴자들에게 많은 수익을 안겼다. 20년 전에 주식시장에 투자한 1달러의 가치는 당시 57.23달러로 불어나 있었다. 그래서 일본인 투자자는 넉넉한 노후를 기대할 만한 충분한 이유가 있었다. 그러나 그의 노후는 기대한 대로 흘러가지 않았다. 이듬해인 1990년부터 2008년까지 약 20년 동안 주가는 배당 재투자 후에도 40퍼센트 이상 하락했다. 다시 말해서 1990년에 투자한 1달러가 2008년에는 60센트가 채 안 되는 수준으로 가치가 줄어들었다. 게다가 1989년에는 주가가 너무 고평가된 상태여서 배당도 많지 않았다.

> 포트폴리오를 분산하지 않으면 1989년 이후에 일본 투자자들이 당했던 고통에 시달릴 위험을 감수해야 한다.

    결국 일본인 투자자가 보유한 포트폴리오의 수명은 그의 수명보다 짧았다. 그는 해마다 초기 투자금 대비 5퍼센트에 해당하는 돈을 인출했다. 그 결과 2002년 무렵 한 푼도 남지 않게 되었다. 더 무서운 점은 그도 이 사실을 알고 있었다는 것이다. 은퇴한 지 2년 만에 주가 하락과 인출로 그의 포트폴리오는 절반으로 쪼그라들었다. 만약 그가 채권을 일부 보유했다면 사정이 다소 나았을 것이다. 혹은 미국 주식이나 유럽 주식에 투자했다면 사정이 훨씬 나았을 것이다.

    당신이 같은 처지에 놓이지 않아서 다행이라고 생각하는가? 미국 은퇴자들에게도 얼마든지 일어날 수 있는 일이다. 향후 20년 동안 미국 주식시장의 수익률은 일본 주식시장의 수익률을 크게 밑돌 수 있다. 1970년부터 1989년까지 그랬듯이 말이다. 반대로 미국 주식시장의 수익률이 다시 세계 최고를 기록할 수도 있다. 앞날은 누구도 모른다.

    그러면 아예 리스크를 피하여 국채나 CD에 전 자산을 투자하면 어떨까? 이 방법은 일반적인 은퇴자들에게는 맞지 않다. 사회보장국에 따르면 현재 미국 남녀의 평균 수명은 각각 81.67세와 84.50세다. 그리고 현재 65세 인구가 이 나이가 되면 기대수명은 다시 7년 이상 늘어난다. 결국 많은 사람들이 의료기술의 발달과 생활습관의 개선으로 90세 이상까지 살 것이다.[2]

    현재 국채 수익률은 제로에 가까우며 평균 물가상승률은 약 3퍼센트다. 따라서 매년 자산의 5퍼센트를 인출하는 은퇴자는 물가상승률을 감안하면 자산의 실질 가치가 약 8퍼센트씩 줄어들게 된다. 다시 말해서 12.5년이면 자산이 바닥난다. 이마저도 사정이 나은 경우다. 물가상승률이 더 높거나 병에 걸릴 수도 있기 때문이다.

    젊은 투자자들의 경우 안전한 자산에만 투자하는 것은 재앙에 가깝다. 우선 은퇴자금이 적절한 속도로 불어나지 않을 것이다. 1장에서 배운 것처럼 리스크를 감수하지 않으면 높은 수익을 올릴 수 없다. 지금은 시장상황이 매우 위험하기 때문에 그에 대한 보상으로 향후 높은 수익을 기대할 수 있다. 다만 위험한 자산군에 투자할 때는 폭넓은 분산이 필수적이다.

네 가지 핵심 전제

자산배분이라는 가장 중요한 주제를 다루기 전에 네 가지 핵심 전제를 알아야 한다. 네 가지 핵심 전제는 가능한 많이 저축할 것, 비상시를 위해 충분한 유동자산을 확보해 둘 것, 포트폴리오를 폭넓게 분산할 것, 인덱스 펀드를 주로 활용할 것 등이다.

· **저축을 할 수 없다면 이 책을 읽을 필요가 없다.** 원래 투자의 교과서적 정의가 현재 소비를 미래 소비로 지연시키는 것이다. 따라서 현재 소비를 지연시킬 수 없다면 투자실력에 상관없이 가난한 말년을 보낼 수밖에 없다. 따라서 가능한 한 많이 저축해야 하며, 죽을 때까지 저축을 멈추어서는 안 된다. 최근 일부 경제학자들은 소비 평준화consumption smoothing라는 개념을 내세운다. 소비 평준화는 평생에 걸쳐 일정한 삶의 수준을 유지하는 것을 말한다. 이 개념에 따르면 과도한 저축, 즉 한창 좋은 시절에 지나치게 소비를 지연시키는 것도 좋지 않다. 그러나 파스칼의 역설을 잊어서는 안 된다. 중요한 점은 최악의 상황을 방지하는 것이다. 과도한 저축으로 인한 피해는 부족한 저축으로 인한 피해에 비할 바가 못 된다. 현재

미국은 과도하게 저축했던 일을 다행으로 여기거나 부족하게 저축했던 일을 후회하는 사람들로 가득하다.

· **투자 목적으로 장기 포트폴리오를 만들기 전에 실직이나 투병 같은 비상시에 최소한 6개월은 버틸 수 있는 자금을 별도로 마련해 두어야 한다.** 이 자금은 과세계좌에 넣어두어야 한다. 그렇지 않고 연금계좌에서 비상금을 인출하면 조기 인출 벌금을 내야 한다. 물론 예외조항이 있지만 만약 규정에 어긋나면 큰 손해를 보게 된다.

이 책은 은퇴자금이나 자녀 학자금 같은 장기적인 저축을 대상으로 다룬다. 따라서 주택구입 초기 자금처럼 5년 이내에 필요한 자금은 자세하게 다루지 않는다. 이 경우 지침은 간단하다. 우량 단기 채권이나 CD 같은 안전한 단기 투자자산에 넣어두면 된다. 채권이나 채권 펀드에 투자할 경우 만기가 자금 소요 시기보다 멀어서는 안 된다. 또한 절대 주택구입 초기 자금을 주식에 투자해서는 안 된다. 지난 금융위기에서도 알 수 있듯이 12개월 안에 반토막이 날 수도 있다.

· **포트폴리오를 가능한 폭넓게 분산하라.** 또한 혼자 포트폴리오를 구성하는 것은 현명한 일이 아니다. 대부분의 기업은 사람과 마찬가지로 오랜 시간이 지나면 최후를 맞는다. 역설적으로 10년이 넘는 기간을 기준으로 살펴보면 3분의 2에 해당하는 주식의 수익률이 시장수익률을 밑돈다. 시장수익률의 상당수는 115년의 역사를 가진 GE 같은 소수의 특출한 기업이나 지난 세기에 일어난 AT&T와 스탠더드 오일Standard Oil의 분할 같은 합병과 분할에서 나온다.[3]

15종목이나 30종목 정도의 주식을 보유하면 적절한 분산이라는 주장이 있다. 좁은 통계적 관점에서 보면 맞는 말이다. 적은 수의 종목으로 구성된 포트폴리오는 단기적으로는 전체 시장보다 변동성이 그다지 심하지 않다. 그러나 이 주장은 중요한 점을 간과하고 있다. 적은 수의 종목으로 구성된 포트폴리오는 변동성이 낮다고 해도 실패할 가능성이 크다. 론 수즈Ron Surz가 무작위로 선택한 15종목으로 1천 개의 포트폴리오를 구성하여 30년에 걸친 수익률을 조사한 바에 따르면, 95백분위 이상에 속하는 운 좋은 포트폴리오는 시장 수익의 2.5배에 해당하는 수익을 올렸고, 50백분위에 속하는 운 나쁜 포트폴리오는 시장 수익의 40퍼센트에 해당하는 수익밖에 올리지 못했다.[4]

· **소수의 종목을 선정하는 일은 부자가 될 확률을 높이지만 빈민이 될 확률도 같이 높인다.** 반면 인덱스 펀드에 가입하면 모든 상승종목을 보유하게 되므로 시장수익률을 온전히 누릴 수 있다. 물론 이 경우 모든 하락종목도 보유하게 된다. 그러나 이 점은 상승종목의 경우만큼 중요하지 않다. 하락종목으로 잃는 최대 손실은 100퍼센트지만 상승종목으로 얻는 최대 수익은 1,000퍼센트를 넘길 수도 있기 때문이다. 이러한 종목을 하나나 둘이라도 놓치게 되면 전체 포트폴리오가 큰 손해를 입는다. 윌셔 5000을 추종하는 인덱스 펀드는 사실상 전체 상장기업의 주식을 보유하므로 최고의 분산화를 제공한다. 이 펀드는 펀드사에서 최저 0.07퍼센트의 연간 수수료를 받고 판매한다. 이 비용은 스스로 많은 주식을 사서 보유할 때 지불하는 비용보다 훨씬 적다.

자 산 배 분 의   2 단 계

핵심적인 전제사항들을 살폈으니 본론인 자산배분으로 들어가기로 하자. 자산배분은 1장에서 설명한 자산군들을 투자 포트폴리오로 통합하는 일이다. 다행히 이 일은 그다지 어렵지 않다. 아래에 나오는 두 가지 중요한 결정만 내리면 된다.

1. 주식과 채권의 비중
2. 주식 자산군 내의 배분 비중

찰리 엘리스는 주식과 채권의 비중 결정과 관련하여 다음과 같은 질문을 던졌다.

질문: 다음 두 가지 중에서 어느 쪽을 선호하는가?
A: 주가가 많이 올라서 수년 동안 떨어지지 않는다.
B: 주가가 많이 내려서 수년 동안 오르지 않는다.[5]

당연히 이 질문에는 함정이 있다. 대부분의 투자자는 A를 선택할 것이다. 엘리스는 장기 투자자라면 당연히 B를 선택해야 한다고 말한다.

그 이유를 이해하기 위하여 2009년의 미국 주식에 고든 방정식을 적용해보자. 기대수익률은 배당률 2.5퍼센트에 배당상승률 1.32퍼센트를 더한 값이다. 기대수익률을 높이는데 있어서 중요한 것은 지속적인 배당 수익이지 상승률이 아니다. 엘리스는 그 이유를 이렇게 설명한다.

우유를 얻기 위해 젖소를 사고, 달걀을 얻기 위해 암탉을 사는 것처럼 주식을 사는 이유는 현재와 미래의 배당수익 때문이다. 당신이 목장을 운영한다면 소 값이 내리기를 바라지 않겠는가? 그래야 소에 투자한 돈에 대비하여 더 많은 우유를 얻을 수 있으니 말이다.[6]

시간단위가 길수록 이러한 분석의 호소력은 더욱 강해진다. 당신이 은퇴자금을 저축하고 있는 25세 청년이라면 수십 년 동안 약세장이 지속되어 싸게 주식을 모을 수 있도록 해달라고 기도하는 것이 옳다.

> 젊은 투자자에게 최선의 시나리오는 약세장이 오래 지속되는 것이다.
> 물론 은퇴자의 경우는 다르다.

그러나 앞에 예로 든 일본 은퇴자의 경우처럼 나이든 사람은 입장이 다르다. 저축한 돈을 까먹으면서 살아야 하는 은퇴자에게 주가 하락은 달가운 일이 아니다. 따라서 젊은 사람은 늙은 사람보다 더욱 공격적으로 투자해야 한다는 통념은 옳다. 이 주장을 뒷받침하는 일반적인 근거는 기간이 길어질수록 주식투자의 안전성이 향상된다는 것이다. 그러나 20세기 초에 상트페테르부르크, 카이로, 뉴델리, 부에노스아이레스 거래소에서 발생한 일에서 알 수 있듯이 이 근거는 확실히 틀렸다.

젊은 투자자가 주식 비중을 늘려야 하는 이유는 계속 돈을 벌면서 낮은 가격으로 주식을 모을 수 있기 때문이다. 보다 정확하게 말하자면 젊은 투자자에게는 젊음 그 자체가 큰 자산이다. 그들이 벌 수 있는 미래 수익은 현재 가진 자산보다 훨씬 많다. 이러한 관점에서 보면 젊음은 물가상승률과 함께 이자율이 올라가는 채권과 같다. 다시 말해서 젊은 투자자는 이미 채권과 같은 자산을 보유하고 있기 때문에 포트폴리오의 전부 혹은 상당 부분을 주식으로 채울 수 있다. 적어도 이론상으로는 그렇다. 반면 은퇴자는 주가가 하락해도 더 사들일 수 없기 때문에 너무 공격적으로 투자해서는 안 된다.

대부분의 투자자는 중년층이다. 중년 투자자는 기본적으로 주식과 채권의 비중을 반반으로 잡는 것이 타당하다. 이처럼 나이는 주식과 채권의 비중을 결정하는 첫 번째 요소다. 두 번째 요소는 리스크 허용도다. 최근에 발생한 급락장은 이 문제를 한결 쉽게 만들어주었다. 내가 앞선 두 권의 투자서를 쓴 1995년과 2001년 사이에는 리스크 허용도를 설명하는 일이 대단히 어려웠다. 약 100년 전에 프레드 슈워드Fred Schwed는 그 어려움을 이렇게 비유했다.

처녀에게 말이나 그림으로 쉽게 설명할 수 없는 일들이 있다. 큰돈을 잃어버렸을 때의 심정 역시 어떤 말로도 쉽게 설명할 수 없다.[7]

2009년에 거의 모든 투자자들은 처녀성을 잃었다. 이제 그들은 글이나 그림의 도움이 없어도 얼마나 리스크를 잘 받아들일 수 있는지 대답할 수 있다. 지난 몇 년 동안 투자자들은 리스크 허용도에 따라 주식을 팔거나, 계속 보유하거나, 더 사들였다. 각각의 경우는 '낮거나', '보통이거나', '높은' 리스크 허용도에 해당한다. 리스크 허용도는 자기 통제력과 직결되는 문제다. 그러니 당연히 쉬운 문제일 수가 없다.

자산배분의 가장 일반적인 규칙은 나이만큼 채권에 비중을 두는 것이다. 즉 주식과 채권의 비중을 20세는 80대 20, 70세는 30대 70으로 가져가면 된다. 여기에 리스크 허용도를 추가하여 다음과 같이 조정할 수 있다.

이 방법에 따르면 리스크 허용도가 아주 높은 50세 투자자와 리스크 허용도가 보통인 30세 투자자에게 적용되는 투자비중은 70대 30으로 같다. 마찬가지로 리스크 허용도가 보통인 90세 투자자와 리스크 허용도가 아주 낮은 70세 투자자에게 적용되는 투자비중은 10대 90으로 같다.

리스크 허용도	채권 비중 조절 정도	50세 투자자의 예
아주 높음	+20%	70/30%
높음	+10%	60/40%
보통임	0%	50/50%
낮음	−10%	40/60%
아주 낮음	−20%	30/70%

그러나 이 방법은 단지 출발점을 제시하는 역할에 그친다. 매년 투자자산의 1퍼센트 미만으로도 생활이 가능한 부유한 80세 투자자라면 다른 동년배 투자자보다 훨씬 공격적으로 투자할 수 있다. 주식 비중이 아무리 높아도 자산이 바닥날 가능성은 거의 없기 때문이다.

반면 매년 투자자산의 7퍼센트를 인출하면서 사는 70세 투자자는 지출을 줄여야 하고, 대부분의 자산을 고정금리형 연금에 넣는 것이 좋다. 그래야 오래 살 경우 최소한의 수입을 보장받을 수 있다. 이론적으로 고정금리형 연금은 일종의 '장수 보험' 역할을 한다.

> 자산배분의 핵심은 주식과 채권의 비중이다. 가장 일반적인 규칙은 나이만큼 채권에 비중을 두는 것이다.

젊은 투자자들은 리스크 허용도를 과대평가하는 경향이 있다. 슈워드의 말을 다시 상기해보라. 25세 투자자는 80대 20의 투자비중이 자신에게 적당하다고 생각할 수 있지만 금융위기가 발생하면 자산의 40퍼센트를 잃을 수 있다. 이러한 손실을 겪고도 평정심을 유지할 수 있는 사람은 드물다.

반면 나이든 투자자들은 대개 급락장을 수차례 경험한 사람들이다. 그들은 하락이 언제쯤 멈출지 예측할 줄 안다. 그래서 한 살이라도 더 젊을 때 싸게 주식을 사지 못한 것을 후회하면서 다음 기회가 오면 반드시 잡겠다고 결심한다. 1970년대 말과 1980년대 초에 이러한 지혜가 힘을 발휘할 기회가 찾아왔다. 당시는 「비즈니스 위크」가 '주식의 죽음The Death of Equities' 이라는 표제를 걸 정도로 약세장이 이어지던 시기였다. 이전 10여 년 동안 주식의 수익률은 높은 물가상승률을 따라잡지 못하고 한 자리수에 그쳤다. 거의 모든 투자자들이 주식투자에 대한 희망을 접었다. 그러나 나이든 사람들은 달랐다. 다음은 위 기사에서 인용한 것이다.

1970년과 1975년 사이에 거의 전 연령대에 걸쳐서 주식투자자의 수가 줄어들었다. 유일한 예외는 65세 이상 연령대였다. 65세 미만의 주식투자자는 약 25퍼센트 줄었지만, 65세 이상의 주식투자자는 30퍼센트 넘게 늘었다. 금융시장의 변화를 이해하지 못하거나 적응하지 못한 사람들만 여전히 주식투자를 고수하고 있다.

이어서 기사는 한 젊은 기업 임원의 말을 인용한다.

최근에 주주모임에 가보셨습니까? 전부 노인들뿐이에요. 주식시장은 활

기를 잃었어요.[8]

물론 나중에 웃음거리가 된 것은 「비즈니스 위크」와 젊은 기업 임원이었다. 이 기사는 오히려 미국 역사상 가장 길고 강한 강세장의 시작을 알렸다. 결과적으로 노인들은 현명했다. 젊은 시절에 대공황을 겪은 그들은 낮은 주가가 곧 미래의 높은 수익률을 뜻한다는 사실을 알았던 것이다.

이 이야기는 투자의 달콤씁쓸한 역설을 담고 있다. 그 역설은 젊은 투자자들이 길고 오랜 하락장을 낭비한다는 것이다. 그들은 주식투자비중을 늘려야 할 시기에 오히려 겁을 먹고 발을 뺀다. 주식투자비중이 낮고, 추가로 매수할 여력이 없는 나이든 투자자들 역시 하락장을 낭비하기는 마찬가지다. 시장의 역사를 이해하고 용기를 가진 젊은 투자자들만이 그들의 시대에 주어진 기회를 십분 활용할 수 있다.

> 주식을 살 최고의 시기는 경기가 가장 암울할 때이고, 최악의 시기는 활황장일 때다.

경험이 쌓이면 리스크 허용도를 보다 정확하게 알 수 있다. 적절한 투자비중을 파악하는 한 가지 방법은 '균형점equipoise point'을 찾는 것이다. 투자자들은 상승장이 이어지는 동안 수익이 난 것에 기뻐하고, 더 많은 돈을 투자하지 않은 것을 후회한다. 균형점은 이 기쁨과 후회가 정확하게 균형을 이루는 지점이다. 하락장에서 균형점은 주식 투자의 손실에 따른 고통과 채권 투자의 수익이 안겨주는 안도감이 균형을 이루는 지점이다.

전체 포트폴리오의 투자비중을 결정했다면 이제는 주식의 종목군에 따라 투자비중을 결정해야 한다. 시장의 효율성을 믿는다면 이론적으로 가장 간단한 방법은 세계시장의 모든 종목을 사서 보유하는 것이다. FTSEFinancial Times Stock Exchange지수는 「파이낸셜 타임즈」와 런던증권거래소가 함께 관리하는 세계 주가 지수다. 그림 3.1은 2008년 12월 31일 기준 지역별 비율이다.

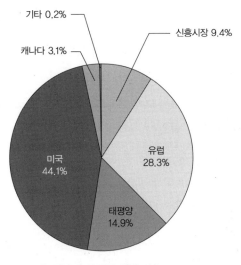

기타 0.2%
신흥시장 9.4%
캐나다 3.1%
유럽
28.3%
미국
44.1%
태평양
14.9%

〔그림 3.1〕 FTSE 세계 지수

이 지수의 특징은 시가총액가중방식을 쓴다는 것이다. 따라서 인덱스 펀드에서 시가총액에 따라 기업이 차지하는 비중도 같다. 가령 2008년 12월 31일 기준으로 시가총액이 세계 전체 주식가치의 1.9퍼센트를 차지하는 최대 종목인 엑슨 모빌ExxonMobil은 인덱스 펀드에서도 1.9퍼센트의 비중을 차지한다. 반면 체코 석유회사인 유니페트롤Unipetrol은 지수와 인덱스 펀드에서 모두 0.001퍼센트의 비중만을 차지한다.*

시가총액가중방식의 장점은 시가총액에 따라 비중이 조절된다는 데 있다. 주가가 어떻게 변하든 간에 펀드 매니저는 매매할 필요가 없다. 특정 종목의 상승률이 지수상승률의 네 배라면 자연스럽게 비중이 그만큼 늘어난다. 물론 지수를 추종하는 인덱스 펀드에서 차지하는 비중도 바뀌게 된다. 주가가 하락할 경우도 마찬가지다. 시가총액이 떨어지는 만큼 지수에서 차지하는 비중도 줄어든다. 다시 말하지만 매매를 하려면 비용이 든다. 당연히 매매는 적을수록 낫다. 뮤추얼 펀드는 대량 매매로 높은 비용을 치러야 하기 때문에 더욱 그렇다.

뱅가드에서 FTSE를 추종하는 뱅가드 전 세계 주식 인덱스 펀드 Vanguard Total World Stock Index Fund를 살 수 있지만 추천하지는 않는다. 미국 시장 대 해외시장의 비중이 44대 56이기 때문이다. 해외시장의 비중이 높으면 안 좋은 이유가 세 가지 있다. 첫째, 해외에 살지 않는 한 당신은 은퇴 후 달러로 소비해야 한다. 따라서 해외 주식에 투자하면 환위험에 노출된다. 둘째, 해외 주식은 국내 주식보다 위험할 뿐만 아니라 보유비용과 거래비용이 더 든다. 많은 해외정부들은 배당세를 부과한다. 그나마 과세계좌에서 투자한 경우 환급을 받을 수 있지만 연금계좌에서 투자한 경우는 환급을 받을 수도 없다. 셋째, 뱅가드에서 판매하는 펀드답지 않게 수수료가 비싸다. 0.5퍼센트의 비용률에 0.25퍼센트의 매수 수수료가 붙는데 이 정도면 개인적으로 훨씬 싸게 개별 종목들을 매수할 수 있다.

---

*보다 구체적으로 말하자면 FTSE는 '유통주식'의 시가총액에 가중치를 부여한다.

해리 마코위츠Harry Markowitz는 1952년 「금융 저널」에 실은 글로 금융계를 뒤흔들었다. 그의 주장은 투자자들이 수익만큼 리스크도 중시한다는 것이었다.[9] 그는 둘 사이의 상관관계에 대한 통찰을 통해 리스크가 일정할 때 최적의 수익을 제공하는 포트폴리오가 있고, 수익이 일정할 때 최소의 리스크를 제공하는 포트폴리오가 있다는 점을 밝혀냈다.

이 말을 그래프로 표현하면 아래와 같이 평균 분산의 공간에 포트폴리오들의 '구름'이 형성된다.

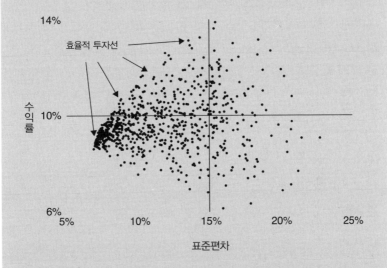

먼저 15퍼센트 표준편차에 해당하는 세로축에 주목하자. 이 세로축 윗부분이나 근처에 많은 포트폴리오들이 위치한다. 투자자들은 이 세로축에서 가장 높은 곳에 있는 포트폴리오, 즉 가장 높은 수익률을 제공하는 포트폴리오를 원할 것이다. 이번에는 10퍼센트 수익률에 해당하는 가로축을 살펴보자. 투자자들은 이 가로축에서 가장 왼쪽에 있는 포트폴리오, 즉 가장 낮은 리스크를 제공하는 포트폴리오를 원할 것이다.

따라서 좌상단으로 볼록하게 형성된 경계가 적절한 투자대상인 소위 효율적 투자선이 된다. 마코위츠는 수익률과 표준편차 그리고 둘 사이의 상관관계를 기반으로 효율적 투자선을 찾는 방법을 개발했다. 그는 이 방법을 평균 분산 최적화mean variance optimization라고 불렀다. 1980년대에 PC가 보급되기 시작하면서 평균 분산 최적화를 본격적으로 활용할 수 있는 길이 열렸다. 당시 애널리스트들은 평균 분산 최적화를 위한 상용 소프트웨어에 과거 데이터를 입력하느라 바빴다. 그러나 그 결과는 재난에 가까웠다. 평균 분산 최적화는 높은 수익률을 기록한 자산군에 가중치를 부여했다. 그래서 해외 주식, 특히 일본 주식에 많은 비중을 두어야 한다는 결과가 나왔다. 문제는 일본 주식이 그 후 최악의 수익률을 기록했다는 것이다. 시간이 지나면서 애널리스트들은 장기적으로 자산 수익률의 평균 회귀 성향 때문에 평균 분산 최적화는 현실적으로 더 낮은 미래 수익률을 내는 자산에 과다한 비중을 두거나 더 높은 미래 수익률을 내는 자산에 과소한 비중을 두면서 오류를 극대화한다는 사실을 깨달았다.

내 생각에 평균 분산 최적화는 교육용으로는 적합하지만 실전용으로는 부적합하다.

수 익 률   지 그 재 그

그러면 다시 분산 문제로 돌아가서 자산군을 혼합하는 방법을 살펴보자. 이 주제를 다루는 이론을 소위 '포트폴리오 이론'이라고 부른다. 포트폴리오 이론은 상당히 기술적인 내용이기 때문에 관심 있는 사람들을 위해 별도의 글상자에서 간단히 소개해 두었다.

수학적 관심이 없는 독자들은 다음에 나오는 표 3.1을 통해 핵심적인 내용을 이해할 수 있다. 이 표는 1995년부터 2002년에 걸쳐서 미국 대형주와 부동산 투자신탁에 투자한 포트폴리오 그리고 둘을 반반씩 섞은 포트폴리오의 수익률을 보여준다.

표에서 알 수 있듯이 미국 대형주는 2002년에 −22.23퍼센트라는 최악의 수익률을 기록했고, 부동산 투자신탁은 1998년에 −15.38퍼센트라는 최악의 수익률을 기록했다. 반면 50/50 포트폴리오의 경우 최악의 해였던 2002년에도 −9.03퍼센트에 그쳤다. 무엇보다 전체 기간을 통틀었을 때 개별적인 두 자산군보다 나은 연 수익률을 기록했다. 그 이유는 해마다 연말에 포트폴리오를 50대 50으로 조정했기 때문이다. 가령 1995년 연말에 미국 대형주는 부동산 투자신탁보다 나은 수익률을 올렸다. 포트폴리오를 50대 50으로 조정하려면 미국 대형주를 일부 팔고 그만큼 부동산 투자신탁을 매수해야 한다. 수익률이 역전된 1996년에는 반대로 매매가 이루어진다. 이러한 재조정은 장기적으로 저점 매수, 고점 매도를 통해 수익률을 개선시킨다.

그림 3.2는 표 3.1을 그래프로 표현한 것으로서 50/50 포트폴리오의 수익률이 보다 안정된 모습으로 상승했음을 보여준다. 이처럼 낮은 리스크로 약간 더 높은 수익을 얻는 것이야 말로 투자세계의 공짜점심이라고 말할 수 있다. 그러면 어떻게 이런 일이 가능한 것일까? 그림 3.2에서 보듯이 특정한 기간 동안 미국 대형주의 수익률은 위에서 아래로, 부동산 투자신탁의 수익률은 아래에서 위로 크게 꺾였다. 포트폴리오 구성의 핵심은 이처럼 때로 반대 방향으로 움직이는 자산군을 혼합하여 리스크를 줄이는 것이다. 만약 투자자가 운이 좋다면 이러한 재조정을 통해 수익률까지 개선할 수 있다.

	1995	1996	1997	1998	1999	2000	2001	2002	연 수익률 1995-2002
미국 대형주	37.07%	22.63%	33.09%	28.68%	20.81%	-9.25%	-12.09%	-22.23%	10.09%
부동산 투자신탁	12.06%	33.84%	19.34%	-15.38%	-1.98%	28.39%	13.16%	4.18%	10.65%
50대 50 혼합	24.57%	28.24%	26.22%	6.65%	9.42%	9.57%	0.54%	-9.03%	11.32%

〈표 3.1〉 세 가지 포트폴리오의 수익률

출처: DFA

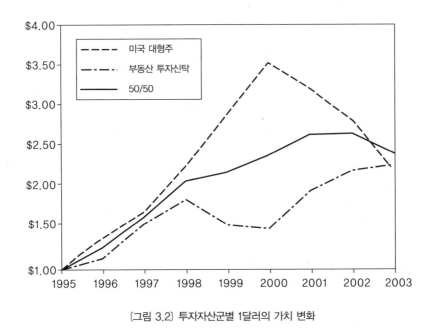

〔그림 3.2〕 투자자산군별 1달러의 가치 변화

> 포트폴리오 구성의 핵심은 특정한 기간 동안 수익률이 반대로 움직이는
> 자산군을 혼합하는 것이다.

　물론 이처럼 특정한 기간 동안 크게 상반된 움직임을 보이면서도 전
반적인 수익률이 비슷한 사례는 분산의 혜택을 보다 명확하게 설명하
기 위해 신경 써서 골라낸 것이다. 대개 분산과 재조정의 혜택은 리스
크와 수익 양면에서 보다 잠재적으로 나타난다.

　재조정으로 수익률을 손해볼 수도 있다. 1990년대의 일본 주식과 미
국 주식의 경우가 그랬다. 일본 주식은 거의 수직 하락했고, 미국 주식
은 거의 수직 상승했다. 따라서 두 자산군을 혼합한 포트폴리오를 재조

정했다면 계속 상승하는 미국 주식을 팔고 계속 하락하는 일본 주식을 샀을 것이다. 그러나 이러한 예외적 사례를 제외하면 일반적으로 포트폴리오 재조정은 리스크를 줄이고 보상을 개선한다.

그림 3.2의 사례는 투자의 기본적인 원칙인 포트폴리오의 중요성을 드러낸다. 투자자는 절대 개별 자산군에 과도하게 집착해서는 안 된다. 가령 2000년 9월부터 2002년 9월 사이에 미국 대형주의 가치는 거의 절반으로 줄었다. 그러나 이 손실은 부동산 투자신탁에서 나온 수익으로 상쇄할 수 있다. 게다가 전반적으로 좋은 수익률을 올리고 있을 때에도 각 자산군에 포함된 일부 종목은 파산하기도 했다.

앞서 언급했듯이 자산군별로 수익률이 다르게 나오는 문제에 적절하게 대응하려면 가장 저조한 자산군을 더 많이 사들여야 한다. 그러나 일부 투자자들은 저조한 자산군에 대한 심적 부담을 떨치지 못한다. 특정한 기간 동안 포트폴리오의 일부 자산군은 저조한 수익률을 기록하기 마련이다. 따라서 저조한 수익률에 집착하는 태도는 고질적인 불만과 걱정을 낳는다. 만약 이런 경우에 해당한다면 전문가에게 투자를 맡기고 인생의 다른 문제들을 걱정하는 편이 낫다.

무지개를 좇는 사람들

최소의 리스크로 최대의 수익을 제공하는 최고의 자산군을 골라내는 과학적 방법이 있을까? 당연히 없다. 그래도 여전히 무지개를 좇는 사람들이 있다. 해리 마코위츠는 1952년에 평균 분산 분석이라는 수학적 도구를 활용하여 일정한 리스크 수준에서 최고의 수익률을 제공하는 포트폴리오들, 즉 효율적 투자선을 찾는 방법을 소개했다. 마코위츠에게 노벨상을 안긴 이 방법은 미래의 수익률 및 변동성 그리고 수익률 사이의 관계에 대한 정확한 예측을 요구한다. 문제는 미래에 대한 정확한 예측이 불가능하다는 것이다. 생각해보라. 미래 수익률을 의미 있는 수준으로 예측할 수 있다면 굳이 마코위츠의 방법을 쓸 필요가 없다. 각 기간에 최고의 수익률을 안기는 자산군만 사들이면 되기 때문이다.

> 매우 복잡한 예측과 계산을 동원하는 블랙박스식 자산배분 방법론을 신봉하지 마라. 결국 핵심은 예측의 정확성에 있다.

투자전문가들은 오랜 시간이 흐른 후에야 평균 분산 분석을 비롯한 블랙박스식 자산배분 방법론의 한계를 깨달았다. 그렇다면 어떤 방법으로 주식 자산군을 배정해야 할까? 이미 우리는 부분적인 해답을 얻었다. 그것은 국내 주식과 해외 주식의 비중을 80대 20에서 60대 40 사이로 정하는 것이다. 가령 국내 주식에 70퍼센트, 해외 주식에 30퍼센트를 배정할 수 있다. 따라서 주식과 채권의 비중이 60대 40이라면 전체 포트폴리오는 다음과 같이 구성될 것이다.

42퍼센트: 국내 주식
18퍼센트: 해외 주식
40퍼센트: 채권

이것으로 끝이다. 이 포트폴리오가 너무 단순해 보이는가? 그렇지 않다. 앞으로 수십 년 동안 대다수 투자전문가들도 이 포트폴리오의 수익률을 넘어서지 못할 것이다.

그래도 이 포트폴리오를 개선시킬 여지는 있지 않을까? 아마 있을 것이다. 대신 더 많은 노력을 기울여야 하고, 오히려 악화시킬 위험을 감수해야 할 것이다. 그래도 나를 포함한 많은 투자자들은 포트폴리오를 개선하기 위해서라면 더 많은 노력을 기울일 가치가 있다고 생각한다. 이 일은 3단계로 진행된다.

첫째, 소수의 자산군을 더할 수 있다. 대부분의 펀드 매니저들은 부동산 투자신탁을 선택할 것이다. 그러면 그 비중은 어느 정도가 적당할까? 주식 비중의 10퍼센트, 즉 60/40 포트폴리오의 경우 전체 자산 대비 6퍼센트를 넘지 않는 것이 적당하다.

둘째, 해외 주식을 선진국과 신흥시장으로 나눌 수 있다. 실제로 이 두 시장의 수익률은 종종 큰 차이를 보인다.

셋째, 가치주와 소형주의 비중을 늘려서 보다 많은 리스크 프리미엄을 취할 수 있다. 우선 주식 자산군을 대형 시장주, 소형 시장주, 대형 가치주, 소형 가치주로 나누라. 여기서 대형 시장주와 소형 시장주는 2장에서 언급한 파머와 프렌치의 대형 중간주, 소형 중간주와 비슷한 범주에 속한다고 보면 된다. 가치주에 충분한 비중을 두기 위해 기대수익률이 낮은 성장주는 제외한다.

그러면 다시 60/40 포트폴리오를 구성해보자.

42퍼센트: 국내 주식
18퍼센트: 해외 주식
40퍼센트: 채권

여기에 부동산 투자신탁을 일부 추가하고 해외 주식을 선진국과 신흥시장으로 구분하면 이렇게 된다.

39퍼센트: 국내 주식

3퍼센트: 부동산 투자신탁

12퍼센트: 해외 선진국 주식

6퍼센트: 해외 신흥시장 주식

40퍼센트: 채권

지금부터 포트폴리오 관리에 대한 현실적인 문제들을 살펴보자. 우선 뱅가드 부동산 투자신탁 펀드의 최소 가입액은 3천 달러다. 따라서 위와 같은 포트폴리오를 구성하려면 최소 10만 달러가 필요하다. ETF를 이용하면 보다 적은 금액으로 투자할 수 있지만 수수료가 발생하고 호가 스프레드가 작은 수익률마저 축낼 가능성이 높다. 또 다른 현실적인 문제는 전체 주식시장 펀드에 이미 부동산 투자신탁이 2퍼센트 포함되어 있어서 부동산 투자신탁의 실제 비중이 약 3.8퍼센트가 된다는 것이다.

끝으로 25만 달러에서 50만 달러가 넘는 큰 규모의 포트폴리오를 운용한다면 국내 주식과 해외 선진국 주식 부문에 소형주와 가치주를 추가할 수 있다. 그러면 다음과 같은 포트폴리오가 될 것이다.

10퍼센트: 국내 대형 시장주

9퍼센트: 국내 소형 시장주

10퍼센트: 국내 대형 가치주

10퍼센트: 국내 소형 가치주

3퍼센트: 부동산 투자신탁

3퍼센트: 해외 선진국 대형 시장주

3퍼센트: 해외 선진국 소형 시장주

3퍼센트: 해외 선진국 대형 가치주

3퍼센트: 해외 선진국 소형 가치주

3퍼센트: 해외 신흥시장 대형 시장주

3퍼센트: 해외 신흥시장 대형 가치주

40퍼센트: 채권

물론 위에서 제시한 세 가지 모델은 내가 추천하는 최선의 모델이 아니다. 이 모델들은 실질적인 자산배분 과정을 보여주기 위한 사례에 불과하다. 실제 포트폴리오는 연령, 리스크 허용도, 자산 규모, 복잡성 수용도 등에 따라 각자 사정에 맞게 구성해야 한다.

위의 포트폴리오는 백만 달러 미만의 포트폴리오를 구성할 때 고려할 만한 대부분의 자산군을 포함한다. 이외에 고려할 만한 다른 자산군으로는 무엇이 있을까? 지난 수년 동안 가장 주목받은 자산군은 원자재 선물이다. 그러나 원자재 선물은 두 가지 문제점을 안고 있다. 첫째, 미래 수익률이 낮을 가능성이 높다. 최소한 과거보다는 훨씬 낮을 것이다. 이제 원자재는 모두의 관심사가 되었다. 이는 진정한 위험신호다. 모두가 보유하고 있다면 가격을 밀어 올릴 매수자가 얼마 남지 않았다는 뜻이다. 둘째, 나는 원자재 펀드나 원자재 펀드사를 신뢰하지 않는다. 그 이유는 펀드 산업을 다루는 5장에서 설명할 것이다.

굳이 원자재 선물에 투자하지 않아도 귀금속 채굴기업의 주식으로 같은 분산 혜택을 누릴 수 있다. 그러나 지금은 개인적으로 귀금속 종목에 관심이 많이 줄었다. 거기에는 두 가지 이유가 있다. 첫째, 과거 내가 원자재 투자상품으로 가장 선호했던 뱅가드 귀금속 및 채굴주 펀드Vanguard Precious Metals and Mining Fund가 알루미늄, 구리, 납 같은 다른 금속으로 투자범위를 넓히면서 투자가치가 크게 떨어졌다. 둘째, 금과 금 관련 종목이 높은 수익률과 언론의 홍보로 인기를 끄는 자산군이 되었다. 이제 전 재산을 들고 도망쳐야 하는 사람이 아니라면 금괴나 금화 혹은 관련 ETF에 투자하는 것은 좋은 생각이 아니다. 금의 장기 실질 수익률이 제로이기 때문이다. 금 1온스의 가치는 셰익스피어의 시대나 지금이나 변함없이 좋은 정장 한 벌에 해당하며, 배당이 없고 보관비용만 유발시킨다.

고려할 만한 다른 자산군은 유럽, 아시아, 호주의 해외 부동산 투자신탁이다. 해외 부동산 투자신탁은 미국의 경우처럼 최근에 엄청난 폭락을 겪으면서 8퍼센트가 넘는 배당을 제공한다. 또한 해외 부동산 투자신탁은 미국 부동산 투자신탁보다 더 많은 분산 효과를 제공한다. 유일한 단점은 ETF 형태로만 투자할 수 있어서 수수료와 호가 스프레드 문제를 안고 있다는 것이다. 어차피 이 자산군은 큰 비중을 둘 수 없기 때문에 포트폴리오 규모가 최소한 수십만 달러를 넘지 않고, 복잡한 포트폴리오를 관리할 수 없다면 고려할 필요가 없다.

자산군의 선택만큼 중요한 것이 투자계정의 선택이다. 대부분의 저축은 은퇴계정에 있을 것이다. 은퇴계정은 거의 모든 자산군에 대하여 비과세 혜택을 받는다는 장점이 있다. 은퇴계정이 아닌 과세계정으로 투자자금을 운용하는 사람도 있을 것이다. 이 경우 고수익 채권을 보유하는 것은 좋지 않다. 전체 이자에 일반 과세율이 적용되기 때문이다.

과세계정으로 포트폴리오를 운용한다면 세금 측면에서 유리한 국내 및 해외 대형 시장주 펀드와 지방채를 중심으로 투자하는 것이 좋다.

핵심 POINT

- 포트폴리오는 주식과 채권에 중점을 두어 구성해야 한다. 그래야 실패할 확률을 최소화할 수 있다. 위험한 자산에 너무 많이 투자하면 시장에 위기가 발생할 때 치명적인 타격을 입고, 안전한 자산에 너무 많이 투자하면 안정된 노후를 보내기에 충분한 수익을 올리지 못한다. 최소한 10년에서 20년 동안 쓰지 않아도 되는 돈만 주식에 투자하라.
- 주식과 채권의 비중은 연령과 리스크 허용도에 따라 결정해야 한다.
- 두 개의 주식 자산군_{국내 및 해외 전체 주식시장 펀드}과 하나의 채권 자산군으로만 구성된 포트폴리오도 충분히 높은 수익률을 올릴 수 있다. 여기에 가치주와 소형주를 포함시키면 수익률을 높일 수 있지만 시간과 노력이 필요하다. 또한 최소 가입액 때문에 복잡한 자산군으로 포트폴리오를 구성하려면 자금 규모가 커야 한다.

Chapter 4
거울 속의 적

The Enemy in the Mirror

조종훈련생들은 끝부분이 높은 나무로 막힌 짧은 비포장 활주로에서 이착륙 훈련을 한다. 초보자에게는 두려운 시도가 아닐 수 없지만 수천 시간의 비행경력을 가진 강사를 믿고 감행하게 된다. 먼저 이착륙에 대한 사전설명이 이루어진 다음 실제 이륙에 들어간다.

훈련생은 이륙 절차를 잘 알고 있다. 엔진출력을 최대로 올려서 충분히 가속한 다음 조종간을 당겨서 앞바퀴를 먼저 띄워야 한다. 곧 비행기는 속도를 올리면서 비포장 활주로를 달린다. 그러나 비행기는 포장된 활주로를 달릴 때보다 속도는 떨어지고 활주로의 끝이 끝나갈 즈음 활주로에서 날아오른다. 훈련생이 나무를 피하려고 급히 조종간을 당길 때 강사가 침착하게 조종간을 넘겨받으면서 비행기를 하강시킨다. 물론 이는 정확한 조치다. 훈련생이 충분히 속도가 붙기 전에 비행기를 이륙시켰기 때문이다. 비행기는 몇 초 동안 수평으로 날면서 가속한 후에야 성공적으로 나무를 피해 날아오른다.

훈련생과 강사의 행동 사이에는 분명한 차이가 존재한다. 훈련생은 육감에 따라 반사적으로 행동했고, 강사는 논리에 따라 이성적으로 행동했다. 덕분에 큰 사고를 피할 수 있었다.

반사적 행동의 사례는 강연회에서도 확인할 수 있다. 투자전문가인 제이슨 츠바이크Jason Zweig는 투자 강연을 하면서 일부러 몇 분 동안 따분한 이론을 늘어놓는다. 그러다가 청중들이 가벼운 혼수상태에 빠지면 강단 뒤에 감춰둔 고무 뱀을 첫 줄을 향해 던진다. 그러면 언제나 같은 반응이 나온다. 청중들은 깜짝 놀라 자리에서 벌떡 일어났다가 몇 초 후 멋쩍은 웃음을 짓는다. 이러한 반사작용은 진화의 유산으로 우리의 뇌에 저장된 방어기제다. 청중들은 눈앞에 날아든 긴 물체를 보자마자 뱀이라는 생각에 기겁을 한다. 그러나 몇 초가 지나면 이성적인 사고가 작동한다. 조금만 생각해보면 강사가 진짜 뱀을 던질 리가 없다는 사실이 자명해진다.

츠바이크는 최근 몇 년 동안 신경경제학에 대한 연구로 나를 비롯한 투자전문가들에게 많은 영향을 끼쳤다. 만약 이 장에 나온 내용이 흥미롭다면 츠바이크의 『머니 앤드 브레인Your Money and Your Brain』[1]이 도움이 될 것이다.

사고를 하려면 시간과 노력이 필요하다. 뱀을 피하는 문제가 생존에 직결되던 시기부터 수백만 년 동안 이루어진 진화의 결과로 사고는 거의 즉각적으로 이루어진다. 인간의 모든 행동영역에서 반사작용과 사고작용의 차이는 프로와 아마추어의 경계를 만든다. 아마추어는 감정에 따라 움직이고, 프로는 논리에 따라 움직인다. 투자 역시 마찬가지다. 포트폴리오라는 비행기를 나무와 충돌시키지 않으려면 감정을 다스릴 줄 알아야 한다. 그래서 이 장에서는 투자자들이 저지르기 쉬운 감정적 실수들을 살펴보고 그에 대한 처방을 제시할 것이다. 간단하게 말해서 반사적 투자에서 논리적 투자로 나아가는 방법을 알려줄 것이다.

> 당신의 감정은 다른 어떤 것보다 당신을 가난하게 만들 수 있다. 따라서 냉정하고 절제된 이성의 힘으로 감정을 다스릴 수 있다면 성공투자에 이르는 큰 힘이 될 것이다.

우리 안의 악마

투자는 공포와 탐욕이 지배한다는 말을 들어보았을 것이다. 케인즈는 이러한 감정들을 '야성적 충동animal spirits'이라고 불렀다. 케임브리지 대학의 별난 강사였던 케인즈는 자신이 무슨 말을 하는지 잘 알았다. 최근 심리학자와 신경학자들은 공포와 탐욕의 생물학적 배경에 대하여 많은 것들을 알아냈다. 그러면 과거 사례에 비추어 이 흥미로운 발견들을 살펴보자.

먼저 약간의 해부학적 지식이 필요하다. 과학자들은 우리의 뇌에서 공포와 탐욕을 유발하는 신경체계의 위치를 찾아냈다. 이 신경체계는 주로 뇌의 중심 근처에 있는 변연계에 자리 잡고 있다. 뇌를 위에서 절반으로 자르면 대부분의 변연계는 중심 근처에 몰려 있다. 뇌의 앞부분에는 각 안구의 바로 뒤에 한 쌍의 중격의지핵이 자리 잡고 있다. 중격의지핵은 뇌의 기대 담당 부위다. 그래서 음식 섭취나 성행위 혹은 금전적 보상에 대한 기대를 할 때 가장 활성화된다. 신경학자들은 인지적 작용을 특정 부위와 연결 짓는 일을 싫어하지만 뇌에 탐욕이 자리 잡을 곳이 있다면 바로 여기다.

사실 기대는 쾌락보다 낫다. 연구 결과에 따르면 중격의지핵은 보상 자체보다 보상에 대한 기대에 훨씬 강하게 반응한다. 기대의 대상이 음식이든, 성행위든, 금전적 보상이든 간에 반응 양상은 똑같다.

중격의지핵은 특히 자극의 패턴에 민감하다. 만약 매주 금요일 정오에 가장 좋아하는 점심이 나온다면 중격의지핵은 11시 55분부터 반응할 것이다. 또한 최근에 투자수익이 좋다면 매일 아침 장 개시 전에 증권방송을 틀 때마다 같은 일이 일어날 것이다.

다시 해부학 강의로 넘어가서, 변연계의 중간선에서 관자놀이 쪽으로 이어진 편도체라는 부위가 있다. 원래 라틴어로 호두를 뜻하는 단어에서 유래된 편도체는 공포나 혐오 같은 부정적인 감정을 유발한다. 말하자면 공포 담당 부위에 해당된다. 편도체 옆에 기억을 저장하는 해마가 자리 잡고 있는 것도 중요한 의미를 지닌다.

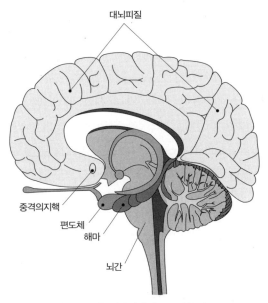

대뇌피질

중격의지핵
편도체
해마
뇌간

〔그림 4.1〕 변연계의 주요 구성요소

대부분의 척추동물은 비슷한 모양의 변연계를 지녔으며, 기능 역시 비슷한 것으로 보인다. 그것은 환경적 자극을 재빨리 해석하고 반응하는 일이다. 이 과정에는 사고작용이 필요하지 않다. 변연계는 그 밑에 자리 잡은 뇌간과 함께 종종 '파충류 뇌reptilian brain'로 불린다. 많은 투자자들은 이 뇌에 의지하여 결정을 내린다.

영장류, 특히 인간의 뇌는 척추동물 중에서 유난히 뇌의 외부에 해당하는 피질이 크다. 피질이라는 이름은 껍질을 뜻하는 라틴어에서 유래되었다. 피질은 의식적 사고작용을 담당한다. 그래서 본능과 감정의 저장고인 변연계에 맞서서 계산과 분석을 진행한다. 피질이 변연계를 얼마나 잘 통제하느냐에 따라 투자의 성공 여부가 결정된다고 해도 과언이 아니다.

나 쁜 행 동 들

우리의 감정은 인간성의 기본적인 요소다. 감정은 우리를 가족, 친구, 이웃과 함께 묶어준다. 우리에게 감정이 없다면 의미나 목적을 잃어버린 차가운 기계와 다름없을 것이다. 그러나 투자의 세계에서 감정은 죽음 그 자체다.

인간은 매우 사회적인 동물이다. 우리는 친구나 가족들로부터 단절되면 불안과 우울함에 시달린다. 그리고 고립이 오래 지속되면 병에 걸려 죽고 만다. 실제로 사회적 고립과 지위 상실은 고혈압, 심장질환, 조기 사망으로 이어진다.[2]

그러나 가족, 친구, 이웃은 우리에게 정서적, 육체적 건강을 선사하지만 투자 측면에서는 나쁜 영향을 끼친다. 우리는 주위사람들의 공포와 탐욕으로부터 영향을 받지 않을 수 없다. 우리의 편도체와 중격의지핵은 주위사람들에 대한 동정과 선망을 자극한다. 나는 감성지능이 발달한 사람들이 종종 주위사람들의 감정에 좌우되어 나쁜 투자결정을 내리는 모습을 보았다. 반대로 냉담하고 정서적으로 메마른 사람들이 주위사람들의 공포와 탐욕에 흔들리지 않고 좋은 투자결정을 내리는 경우도 많다.

지금부터 인간성의 고귀한 측면이 잘못된 투자결정을 초래하는 이유와 그러한 문제를 방지하는 방법을 살펴보자. 우선 오랜 시간 동안 우리의 내면에 자리 잡은 성향 중에서 투자에 걸림돌이 되는 것들은 무엇일까?

우리는 이해하기 쉬운 이야기를 좋아한다

먼저 살펴볼 것은 우리를 둘러싼 세계를 이해하려는 욕망이다. 인간은 이야기의 형태로 사건을 이해한다. 그런 의미에서 인간은 이야기를 나누는 영장류라고 말할 수 있다. 유명한 소설가인 커트 보네거트Kurt Vonnegut는 인간의 속성에 대해 '호랑이는 사냥을 해야 하고, 새는 날아야 하며, 인간은 왜, 왜, 왜?라고 물어야 한다. 또한 호랑이는 자야 하고, 새는 땅에 내려앉아야 하며, 인간은 답을 구해야 한다.' [3]라고 썼다.

인간은 지나치게 복잡한 문제를 이해할 때 오랜 이야기의 힘을 빌린다. 그러나 투자의 세계에서는 이야기로 복잡성을 풀어낼 틈이 없다. 가령 개별 종목에 투자하는 의사가 있다고 가정하자. 그는 제약 산업에 대해 일반인보다 많이 안다. 하루 종일 약을 처방하고 임상경험을 통해 어떤 약이 효과가 좋은지 확인했기 때문이다. 이러한 지식이 주식투자에 있어서 이점으로 작용할까? 이론적으로는 그렇다. 그러나 현실적으로는 실패하기 쉽다. 투자를 위한 적절한 접근법은 모든 제품을 평가하고, 향후 비용과 수익 그리고 그에 따른 현금흐름을 예측하는 것이다. 그 다음 미래 현금흐름에 할인율을 적용하여 현재 가치를 구해야 한다. 이렇게 구한 할인된 현금흐름을 합하면 그 종목의 내재가치를 파악할 수 있다. 만약 현재 시장가격이 내재가치보다 낮다면 매수를 고려해야 할 것이다.

내재가치 계산이 어려워 보이는가? 사실 그렇다. 애널리스트들은 일상적으로 내재가치를 계산한다. 반면 앞서 사례로 든 의사를 비롯한 일반인들은 주식의 가치를 평가하는 복잡한 문제를 이야기로 풀려고 시도한다. 가령 우리의 의사는 한 제약회사가 얼마 전에 효능이 뛰어난 항생제를 출시했으며 환자들로부터 좋은 반응을 얻고 있다는 이야기를 통해 해당종목의 가치를 평가한다. 그래서 그는 돈이 되는 대로 해당종목을 사들인다. 그에게 현금흐름할인법이나 내재가치 대비 현재가 같은 것들은 쓸데없는 세부 사항에 불과하다. 한편 증권사는 어려운 수학 문제를 풀고 나서 해당종목을 매도하기로 결정했다. 운이 나쁜 경우 우리의 의사는 제약회사의 경영진이 파는 물량을 떠안을 수도 있다.

이야기는 종종 투자의 주요 특징 중 하나인 무작위성 덕분에 설득력을 얻는다. 그래서 우리의 의사는 실패할 가능성이 높았는데도 초기에는 파국을 피할 수도 있다. 사실 최악의 상황은 초심자의 운 덕분에 첫 거래로 수익을 얻는 것이다. 그러면 운을 실력으로 착각하고 다음 매수 때는 물량을 늘리게 된다. 그러나 시간이 지나면 운은 다하기 마련이어서 결국 손실을 낼 수밖에 없다.

최근 시장에서 떠도는 이야기는 명확하다. 세계경제가 흔들리고, 기업 이익은 곤두박질칠 것이며, 주식은 휴지가 된다는 것이다. 그러나 1장에서 살펴본 고든 방정식에 따른 계산은 충분한 미래 수익률을 기대할 수 있다는 사실을 보여준다. 특히 부동산 투자신탁과 해외 주식의 경우는 더욱 투자가치가 높다. 마찬가지로 국채를 제외한 모든 채권도 만기가 5년 미만이라면 좋은 투자대상으로 볼 수 있다.

> 복잡한 경제적 현실을 단순한 이야기 형식으로 설명하는 것은 믿지 말아
> 야 한다.

　10년 전만 해도 시장에 대한 이야기들은 완전히 딴판이었다. 당시에
는 인터넷이 모든 것을 바꾼다는 이야기가 지배적이었다. 사람들은 인
터넷이라는 신기술이 경제와 기업 이익 그리고 주가를 천정부지로 밀
어 올릴 것이라고 생각했다. 그러나 경제학자들이 객관적인 거시경제
자료를 기반으로 분석해보면 그 이야기는 희망사항에 불과했다.

　당대에 인기를 얻는 투자서의 제목은 근거 없는 이야기 형태로 떠도
는 투자심리의 척도가 된다. 실제 조사 결과를 보면 『1979년의 파국The
Crash of 1979』, 『1990년의 대공황The Great Depression of 1990』 같은 책들이 나올
때 주식은 평균 이상의 미래 수익률을 제공했다. 반대로 앞서 소개한
『다우 36,000포인트』 같은 책들은 거품이 절정에 달한 위험한 시기에
나왔다.[4]

우리는 즐거움을 원한다

　인간은 이야기를 하고, 이야기에서 즐거움을 찾는다. 넷플릭스Netflix
의 주식을 보유하는 것은 전통적인 종목을 보유하는 것보다 즐겁다. 소
비자제품과 투자상품의 선택은 즐거움을 위한 것과 투자를 위한 것으
로 대부분 나누어진다. 복권을 생각해보라. 편의점에서 구입하는 복권
은 일주일 만기에 약 −50퍼센트의 기대수익률을 가진 증권과 같다. 정
말로 형편없는 자산이 아닐 수 없다. 그래도 사람들은 복권을 산다. 왜
그럴까? 복권은 부족한 금전적 가치를 즐거움으로 보완하기 때문이다.
다시 말해서 대박에 대한 기대로 중격의지핵을 자극시켜주는 것이다.

이처럼 복권은 즐거운 상상을 할 수 있는 기회를 제공함으로써 낮은 수익률을 보완한다. 같은 논리로 영화표는 −100퍼센트의 수익률을 시각적 즐거움으로 보완하는 투자상품으로 볼 수 있다.

일부 투자상품은 다른 투자상품보다 많은 즐거움을 선사한다. 촉망받는 신생기업의 상장주가 대표적인 예다. 그러나 대체로 신규상장주는 리스크는 높고 보상은 적다. 최근에만 그런 것도 아니다. 전설적인 투자자인 벤저민 그레이엄은 『증권 분석』에서 왜 사람들이 신규상장주를 사는지 의아해했다. 그 이유는 차세대 아마존닷컴이나 마이크로소프트를 찾을 기회를 얻는 것이 구세대 산업종목을 보유하는 것보다 훨씬 즐겁기 때문이다. 한마디로 신규상장주는 낮은 투자수익률에 높은 쾌락적 가치를 지닌 투자세계의 복권과 같다.

오래 전에 나는 유명한 아시아 레스토랑 체인점에서 저녁을 먹은 적이 있다. 나는 맛있는 음식과 뛰어난 서비스에 강한 인상을 받고 해당기업의 주가를 확인했다. 알고 보니 실적에 비해 엄청나게 비싼 가격으로 거래되고 있었다. 나와 같은 생각을 가진 사람들이 많았기 때문에 이미 주식시장에서 인기를 끌고 있었던 것이다. 이 레스토랑에서 좋은 경험을 한 사람들이 주가를 끌어올리면서 기대수익률은 크게 낮아졌다.

> 흥분을 원한다면 투자보다 스카이다이빙을 선택하는 것이 훨씬 안전하고 저렴하다.

기업이 대중의 눈에 많이 띄고 그 기업에 대한 이야기가 유명할수록 기대수익률은 낮아진다. 반면 화려하지 않은 산업에서 조용히 입지를 다져가는 기업들이 종종 가장 높은 수익을 안긴다.

우리는 너무 쉽게 놀란다

투자에 실패했다면 관자놀이 바로 안쪽에 있는 호두 모양의 신경뭉치인 편도체를 탓하라. 편도체는 공포를 담당하는 중앙 서버와 같다. 그래서 뱀이나 잠재적 리스크 혹은 주가 하락을 접하는 순간 가장 먼저 반응한다.[5] 편도체를 제거한 쥐는 고양이를 무서워하지 않는다.

주위에 신체적 위협이 산재했던 과거에는 편도체가 제 기능을 톡톡히 했다. 그러나 현대로 접어들면서 편도체는 잘못된 경고신호를 연발하게 되었다. 사과에 든 생장조절제나 대기 중의 알러지 유발물질, 멕시코에서 북상 중인 살인벌 떼를 둘러싼 소동들이 그 예다.

편도체가 가장 큰 문제를 일으키는 분야가 바로 투자다. 스탠퍼드, 카네기 멜론, 아이오와 대학의 경제학자와 신경학자들이 벌인 연구 결과로 알 수 있듯이 투자자에게는 차라리 편도체가 없는 것이 나을지도 모른다. 지금부터 손실에 대한 부적절한 반응을 드러낸 이 연구 결과를 자세히 살펴보자.

이 연구는 편도체와 안와전두엽orbitofrontal cortex 그리고 섬엽insula이 손상된 15명의 환자를 대상으로 진행되었다안와전두엽과 섬엽은 자극 자체보다 자극에 대한 기억에 보다 민감하게 반응한다. 비교를 위해 정상적인 통제집단과 뇌의 다른 부위에 손상을 입은 통제집단이 실험에 참가했다. 실험대상자들에게는 실험이 끝난 후에 이 돈을 실제 물건과 교환할 수 있는 가짜 돈 20달러가 지급되었다.

실험 방식은 간단했다. 동전 던지기를 20번 하는데 실험대상자들은 매번 1달러를 '투자'할지 결정할 수 있었다. 동전을 던져서 뒷면이 나오면 투자한 사람은 2.5달러를 받을 수 있고, 앞면이 나오면 1달러를 잃는 조건이었다. 한 번도 돈을 걸지 않는 실험대상자는 20달러를 그

대로 보전할 수 있고 매번 돈을 걸면 평균적으로 25달러를 벌 수 있었다. 따라서 매번 돈을 거는 것이 당연한 일이었다.

실험 결과 실험집단은 84퍼센트의 빈도로 돈을 건 반면 정상적인 통제집단은 58퍼센트, 다른 부위에 손상을 입은 통제집단은 61퍼센트의 빈도로 돈을 걸었다. 더 흥미로운 사실은 실험집단은 이전 판에서 잃었는지, 땄는지 여부에 상관없이 84퍼센트의 빈도로 돈을 걸었지만 두 통제집단은 이전 판에서 돈을 잃으면 돈을 거는 빈도가 각각 41퍼센트와 37퍼센트로 떨어졌다. 다시 말해서 두 통제집단은 실험집단보다 뜸하게 돈을 걸었을 뿐만 아니라 이전 판에 돈을 잃으면 더욱 빈도를 줄였다. 연구자들은 감정과 관계된 뇌 부위에 손상을 입으면 손실에 따른 부정적인 반응이 둔화되어 결과적으로 정상인들보다 유리한 투자결정을 내리게 된다는 결론을 내렸다.[6]

이 결론이 절대적인 것은 아니다. 물론 실험집단이 돈을 잃은 후에도 돈을 거는 빈도를 줄이지 않은 것은 두 통제집단처럼 돈을 잃은 후 다음 판에는 돈을 걸지 않은 것보다 합리적인 결정이다. 따라서 뇌수술로 투자성적을 개선시킬 수 있을지도 모른다. 그러나 반드시 그렇게 된다는 보장은 없다. 모든 판에 돈을 걸었을 경우 뒷면이 8번보다 적게 나오면 처음 얻는 20달러보다 적은 돈이 남을 수도 있다. 이 확률은 13퍼센트지만 리스크 프리미엄은 5달러_{모든 판에 돈을 거는 경우의 기대수익 25달러 - 돈을 걸지 않는 경우의 무위험수익 20달러}에 불과하다.

이 실험은 투자과정을 잘 반영한다. 흥미로운 것은 20달러의 무위험 수익보다 적게 남을 13퍼센트의 확률에도 불구하고 5달러의 리스크 프리미엄을 취하는 것이 합리적이라는 연구자들의 전제다. 사실 이 위험 보상비율이 합리적인지 여부는 전적으로 위험을 기피하는 정도에 달려 있다. 따라서 우리가 확실하게 말할 수 있는 사실은 실험집단의 리스크 허용도가 두 통제집단의 리스크 허용도보다 높다는 것뿐이다. 이것이 좋은 일인지는 확실하지 않지만 실험집단이 이전 판에서 돈을 잃은 후에도 투자전략을 바꾸지 않은 것은 분명히 좋은 일이다.

공포는 순간적으로 반응하는 변연계에서 나오는 것이므로 단기적인 현상이다. 장기적으로 좋은 수익을 안겨준다면 단기적인 손실에 구애받는 것은 합리적이지 않다. 그러나 우리는 생존에 미치는 변연계의 중요성 때문에 단기적인 손실에 크게 구애받는다. 이러한 성향은 우리의 내면에 각인된 것이어서 버리기 어렵다. 행동경제학 분야의 연구 결과에 따르면 감정적인 차원에서 1달러의 손실은 대략 2달러의 수익을 상쇄한다. 경제학 용어로 말하자면 손실의 부정적 효용이 수익의 긍정적 효용의 두 배에 이르는 셈이다.

그러면 이러한 성향이 실제 투자에서 어떤 양상으로 드러나는지 살펴보자. 1929년부터 2008년 사이에 다우존스 산업평균지수는 51.6퍼센트에 해당하는 날 동안 상승했고, 48.4퍼센트에 해당하는 날 동안 하락했다. 심리적으로 하루의 손실이 이틀의 수익을 상쇄한다면 평균적인 분위기는 대단히 부정적일 수밖에 없다. 상승일과 하락일의 비율이 거의 같기 때문이다. 매일 포트폴리오를 점검하는 것보다 더 나쁜 일은 분단위로 나쁜 소식을 내보내는 증권방송을 보는 것이다.

주기를 월 단위로 늘리면 상승한 달은 57.5퍼센트, 하락한 달은 42.5퍼센트로 조금 사정이 나아진다. 그래도 여전히 2대 1의 비율을 극복하기에는 부족하다. 연 단위로도 상승한 해가 52년, 하락한 해가 28년으로 심리적 손익분기점에는 미치지 못한다. 다시 말해서 포트폴리오 점검 주기를 연 단위보다 길게 잡아야 2대 1의 심리적 장애물을 넘어설 수 있다. 행동경제학자들은 이러한 단기 손실에 대한 과도한 집착을 '리스크 기피 근시risk aversion myopia'라고 부르며, 일반적으로 투자자들은 평가주기를 2대 1의 심리적 비율에 근접한 약 일 년으로 잡는다고 말한다.[7] 사실 일 년보다 긴 주기로 시장을 바라보는 안목을 가진 투자자는 그렇게 많지 않다.

우리는 너무 많은 유추를 한다

이야기 오류와 비슷한 것으로 대표성 오류라는 것이 있다. 이 오류는 부분적인 성격을 전체에 적용하는 경향을 말한다. 우리는 이미 좋은 기업과 좋은 주식에 대한 논의에서 이러한 사례를 살펴보았다. 사람들은 화려한 성장주가 더 높은 수익을 안겨줄 것이라고 기대하지만 실상은 그렇지 않다. 대개 진부한 가치주가 더 높은 수익을 안겨준다. 주식을 사려는 투자자에게는 이보다 더 타당한 이유는 없다.

기업과 주식에 대한 인식 상의 오류는 국가와 주식시장의 경우에도 나타난다. 해외에 투자할 때 경제성장률이 가장 빠른 나라에 투자하는 것은 옳지 않을까? 그렇지 않다. 이처럼 순진한 전략을 따르다가는 손해를 보기 십상이다. 가령 중국은 1993년부터 때로 10퍼센트를 넘는 세계 최고 수준의 경제성장률을 달성했다. 그러나 1993년부터 2008년에 걸쳐서 주식시장은 연 3.3퍼센트의 손실을 기록했다. 정도는 덜하지만 한국, 싱가포르, 말레이시아, 인도네시아, 대만, 태국시장의 경우도 1988년 이후 미국시장보다 낮은 수익률을 기록했다.[8]

20세기 들어서 경제적, 정치적 위상이 가장 많이 추락한 주요 국가는 영국이다. 1900년에 영국은 세계의 바다를 지배했을 뿐만 아니라 세계의 금융시장 역할을 했다. 그러나 2000년에는 미국에게 패권을 내준

뒷방 늙은이 취급을 받는 신세가 되었다. 그러나 20세기 동안 영국의 주식시장은 세계 최고 수준의 수익률을 기록했다.[9)]

> 경제성장률이 빠른 나라의 주식 수익률이 나쁜 경우가 많다.

이외에도 많은 자료들이 좋은 경제가 나쁜 시장을 만들고, 나쁜 경제가 좋은 시장을 만든다는 사실을 증명한다.[10)] 그 이유는 무엇일까? 이 혼란스런 결과는 쉽게 설명하기 어렵다. 그러나 내가 보기에는 세 가지 요소가 이 현상에 영향을 미치고 있다.

실적이 부진한 기업의 주가가 더 높은 미래 수익을 제공하여 투자자들을 끌어들일 수 있는 수준으로 떨어지듯이 국가 단위에서도 같은 일이 일어나는 것으로 보인다. 2007년에 모두가 각광받는 소위 브릭스ᵇ 라질, 러시아, 인도, 중국 국가의 주식을 원했다. 소외받은 유럽, 일본, 그리고 미국의 주식을 원하는 사람은 많지 않았다. 그래서 주식의 경우와 마찬가지로 소외받은 주식시장이 더 높은 수익률을 기록해야 했다. 실제로 2008년에 선진국 시장은 브릭스 시장보다 훨씬 하락폭이 작았다. 브릭스 국가의 주식은 역사의 지침이 옳다면 앞으로도 상대적으로 부진한 수익률을 기록할 것이다.

1장에서 설명했듯이 기업도 사람처럼 나고 죽는다. 그러면 이 기업을 대체하는 새로운 기업의 주식이 시장에 풀린다. 이 과정에서 새 주식들은 지속적으로 기존 주식을 희석시킨다. 해외시장 특히 아시아 시장의 경우 신주상장률은 대단히 높다. 그만큼 주당 순익과 배당이 줄어들고 전체 주식 수익률도 감소한다.[11)]

끝으로 다수의 개발도상국 정부들은 선진국 정부만큼 엄격하게 경영진의 부정으로부터 주주들을 보호하지 않는다. 그래서 경영진이나 지배 주주가 부정한 이득을 취하는 일이 대단히 쉽다. 납에 오염된 장난감으로부터 자국의 아이들을 보호하지 않는 나라가 외국 주주들을 보호할 리 만무하다.

우리는 과거를 미래에 투영한다

진화심리학적 관점에서 보면 인간은 패턴을 추구하는 영장류다. 그래서 존재하지 않는 질서를 찾으려고 애쓴다. 수억 년 전에는 노란색과 검은색이 섞인 짐승이 수풀 속에서 보인 다음 옆에 있던 친구가 잡아먹히는 것을 본 사람은 두 가지 사건을 연계시키게 된다.

반면 현대사회는 통계적으로 훨씬 많은 잡음이 존재한다. 그 중에서도 대표적인 분야가 금융계다. 최근의 변화를 모른다는 전제 하에 다음 질문에 답해보라. 빌 밀러는 지난 15년 동안 매년 시장수익률을 능가하는 투자실적을 올렸다. 이러한 투자실적의 고공행진이 계속될까? 2008년 가을 이후로 주가는 하락세를 면치 못했다. 그러면 앞으로의 전망도 부정적이지 않을까? 1990년대 말에 시작된 집값 상승은 수년 동안 줄기차게 이어졌다. 이 정도면 부동산 불패 신화를 믿어도 되지 않을까? 이 질문들에 대한 답이 모두 '그렇다'라면 당신도 어쩔 수 없는 인간이라는 증거가 된다. 인간은 패턴을 추구하는 영장류로서 금융환경에 본능적으로 대응한다. 이처럼 과거를 미래에 투영하는 경향은 변연계에 각인된 행동 패턴이다.

> 세상에 영원한 것은 없다. 이례적인 정도의 사건은 반전되는 경우가 많다.

중격의지핵은 반복적인 보상에 강하게 반응한다. 쥐의 중격의지핵에 전극을 심어서 실험한 결과 실제로 기대에 따른 반응 신호가 나왔다.[12] 우리의 뇌 역시 순서대로 발생하는 두 개의 유사한 사건에 강하게 반응한다. 만약 순차적인 사건의 수가 세 개 이상이면 반응은 더욱 강해진다.[13]

동전을 세 번 연속으로 던질 때 모두 같은 면이 나올 확률이 25퍼센트라면 다섯 번 연속으로 던질 때는 세 번 연속으로 같은 면이 나올 확률이 50퍼센트, 열 번 연속으로 던질 때는 거의 100퍼센트라는 사실을 생각해보라. 데이터로 가득한 현대사회에서는 가짜 패턴에 지속적으로 노출될 수밖에 없다. 그래서 나심 탈렙은 『행운에 속지마라fooled by randomness』라는 제목의 책을 썼다.

우리는 자신이 평균 이상이라고 생각한다

버클리 대학의 행동경제학자인 테리 오딘Terry Odean은 해마다 MBA 과정을 밟는 학생들을 대상으로 질문을 한다. 질문의 내용은 동급생과 비교하여 자신의 운전실력을 평가하는 것이다. 그 결과를 보면 최소한 50퍼센트의 학생은 자신의 운전실력이 상위 25퍼센트에 속한다고 평가하고, 25퍼센트의 학생은 자신의 운전실력이 상위 10퍼센트에 속한다고 평가한다. 자신의 운전실력을 평균 이하로 평가하는 학생은 소수에 불과하다. 물론 실제로 그럴 수는 없다.

오딘은 자신의 운전실력을 평균 이하로 평가한 여학생에게 이유를 물었다. 그 여학생은 처음에는 상위 25퍼센트로 평가하려고 했지만 가만히 생각해보니 작년에 접촉사고를 두 번 냈고, 과속 딱지 세 번에 결국 운전면허를 취소당했다고 대답했다. 자신의 운전실력을 하위 10퍼

센트로 평가한 학생은 단 한 명뿐이었다. 그는 운전을 하지 않는 유학생이었다.[14)]

우리는 자신의 운전실력이 평균보다 낫다고 생각할 뿐만 아니라 실제보다 더 잘생기고 인기가 많으며, 사업을 성공시킬 가능성도 높다고 생각한다. 이러한 과신은 사후세계까지 연장된다. 최근에 실시한 결과를 보면 64퍼센트의 미국인은 죽은 뒤 자신이 천국에 갈 것이라고 대답했다. 자신이 지옥에 갈 것이라고 대답한 사람은 0.5퍼센트에 불과했다.[15)]

투자에 있어서도 마찬가지다. 우리는 자신의 투자실력이 평균보다 낫고, 다른 사람보다 높은 수익을 올릴 수 있으며, 좋은 펀드를 고를 수 있고, 시장의 움직임을 예측할 수 있다고 믿는다. 그러나 현실은 정반대로 이루어지기 일쑤다.

> 당신은 스스로 생각하는 것만큼 잘생기지도, 매력적이지도, 운전실력이 뛰어나지도 않다. 투자실력 역시 마찬가지다. 똑똑하고, 부지런하며, 정보에 밝은 사람들로 가득한 투자세계에서 시장을 이기려고 덤비지 않는 게 현명하다.

일부 사람들의 자기 과신은 놀라울 정도다. 1993년에 오렌지 카운티의 재무담당관인 로버트 L. 시트론Robert L. Citron은 금리 하락과 동결에 거는 파생상품에 무리하게 투자하다가 미국 역사상 최대 규모의 지자체 파산을 초래했다. 그는 금리가 상승하면 어떻게 하냐는 주위의 우려에 그럴 리가 없다고 대답했다. 그것을 어떻게 아느냐는 질문에는 자신이 미국에서 손꼽히는 거물 투자자인데 모를 리가 있냐고 쏘아붙였다.[16)]

그는 세상에는 두 가지 종류의 사람이 있다는 존 케네스 갈브레이스John Kenneth Galbraith의 유명한 말을 몰랐던 게 틀림없다. 세상에는 금리의 향방을 모르는 사람과 모른다는 사실을 모르는 사람만이 존재한다. 우리 주위에는 시트론과 비슷한 사람이 한두 명씩은 존재한다. 그들은 가는 곳마다 투자실력을 뽐낸다.

조울증을 앓는 사람들은 심각한 수준의 자기 과신에 빠지는 경우가 많고, 우울증을 앓는 사람들은 자신의 능력을 정확하게 파악한다. 이러한 점에서 볼 때 자존감을 유지하려면 약간의 착각이 필요하다는 결론을 피하기 어렵다.

우리는 자신을 다른 사람과 비교한다

동물들은 위계질서를 따른다. 인간 역시 예외는 아니다. 이러한 행동의 진화적 기원은 명백하다. 음식과 자원이 귀한 환경에서 가장 강하고 유능한 개체가 살아남아서 종족을 유지시켜야 하기 때문이다. 위계질서는 누가 진화적으로 가장 적합한지 단적으로 드러낸다. 종족 내에서 가장 지위가 낮은 수컷은 생식기능을 잃어버리고 우두머리가 대부분의 암컷을 차지하는 동물들도 많다.

일부다처제는 대부분의 사회에서 금지되어 있다. 덕분에 사회적 범주의 바닥에 있는 사람들도 쉽게 짝을 만나 대를 이을 수 있게 되었다. 그러나 여전히 우리는 진화적 유산으로부터 벗어나지 못했다. 그래서 주위사람들에 비해 상대적으로 두드러지려는 노력을 멈추지 않는다. 이러한 노력에 대해 칼 마르크스는 이렇게 썼다.

집은 크거나 작아도 된다. 주위에 있는 집들이 모두 작다면 주거에 대한

사회적 수요를 충족시킬 수 있다. 그러나 작은 집 옆에 저택이 들어서면 작은 집은 헛간이 된다.[17]

미국 사람들은 이웃의 큰 집과 차를 동경하고, 영국 사람들은 이웃이 여왕과 차를 마신 일을 동경하고, 프랑스 사람들은 이웃의 멋진 애인을 동경하며, 러시아 사람들은 이웃의 소가 죽기를 바란다는 농담이 있다. 금융의 세계에서는 이웃이 인기 있는 주식이나 헤지펀드를 보유했거나, 유명한 펀드 매니저에게 투자한 것을 동경한다. 이러한 동경은 분수에 맞지 않는 집이나 차를 바라는 것만큼 큰 손실을 초래할 수 있다.

부자들은 여러 병원을 골라 다니다가 결국 실력은 없으면서 유명세만 요란한 의사에게 걸려서 일반인보다 못한 치료를 받는 경우가 많다. 투자도 마찬가지다. 부자들은 일반인들이 접근할 수 없는 펀드 매니저나 투자상품에 접근할 수 있다. 그러나 매도프 사건에서 알 수 있듯이 대부분의 경우 일반인들처럼 평범한 저비용 인덱스 펀드에 투자하는 편이 결과적으로 훨씬 낫다.

투자세계에서 유명 의사에 해당하는 것은 2퍼센트의 관리 수수료와 20퍼센트의 성과보수를 요구하는 헤지펀드다. 따라서 헤지펀드가 연 10퍼센트의 수익을 올리면 수수료만 4퍼센트가 나간다. 그것뿐만이 아니다. 높은 거래비용에 재간접투자펀드funds of funds로 추가 수수료까지 물어야 한다. 이 모든 비용을 합하면 헤지펀드에 투자하는 데 드는 비용은 약 7퍼센트에 이른다. 이 정도 핸디캡은 워런 버핏이라고 해도 감당하기 버거울 것이다. 특히 과세계정으로 투자할 경우 대부분의 수익이 단기 자본소득으로 일반 과세되기 때문에 더욱 불리하다. 마지막으로 헤지펀드에 투자하기 전에 고려할 사항이 하나 더 있다. 헤지펀드들은 눈깜짝할 사이에 사라질 수 있다. 1996년에 등록된 600개의 헤지펀드 가운데 2004년까지 살아남은 비율은 25퍼센트에 불과하다.[18]

무료 심리요법

그러면 어떻게 진화과정이 초래한 심리적 악영향으로부터 벗어날 수 있을까? 당연히 냉혈한이 되거나, 뇌수술을 하거나, 우울증에 걸릴 수는 없는 일이다. 그러나 위에서 열거한 문제점들에 대하여 체계적인 대처법을 익히는 일은 가능하다. 대부분의 심리요법은 비용이 많이 들지만 지금부터 시도할 심리요법은 아무런 비용 없이 장기적으로 큰 혜택을 안겨줄 것이다.

겉만 번지르르한 이야기를 조심하라

소위 '구루guru'라고 불리는 사람들은 대부분 돌팔이다. 시장에는 불확실성이 넘치기 때문에 아무리 많은 정보를 가진 사람도 매매 적기를 파악할 수는 없다. 최근 여러 투자전문가들은 원자재 펀드와 브릭스 주식을 추천했다. 그러나 그들의 말을 따른 사람들은 큰 손해를 보았다.

따분한 투자를 하라

재미와 수익을 다 얻을 수는 없다는 사실을 받아들여라. 흥분을 원한다면 번지점프를 하고, 흥미를 원한다면 브로드웨이 뮤지컬을 보라. 투자에서 재미를 원하는 것보다 훨씬 안전하고 싸게 먹힐 것이다. 돈을 버는 투자는 원래 세탁기 안에서 돌아가는 빨랫감을 보는 것만큼 지루하다. 화려하고 주목받는 종목일수록 과매수되었을 가능성이 높다.

적절하게 구성된 포트폴리오는 수많은 자산군에 걸쳐 분산되기 때문에 대부분의 기간 동안 짜릿한 수익을 안겨주지는 못한다. 추천하지는 않지만 굳이 투자의 재미를 맛보고 싶다면 포트폴리오 중 일부를 모험적인 종목에 할애할 수 있다. 다만 그 비율이 포트폴리오의 10퍼센트를 넘어서는 안 되며, 손실이 나더라도 추가로 돈을 넣지 말아야 한다. 그리고 날아간 돈과 함께 종목 선정에 대한 욕구도 날려버리는 것이 좋다.

투자체질을 길러라

어떤 투자자는 다른 투자자보다 강한 투자체질을 지녔다. 투자체질이 강하다는 것은 월급을 많이 받거나 투자자금이 많다는 뜻이 아니다. 투자체질은 리스크와 손실을 감당하는 정신적 능력을 말한다.

80년 전에 케인즈는 이렇게 말했다.

> 아주 낮은 가격에 매도하는 것은 높은 가격에 팔지 못한 데 대한 처방이 될 수 없다… 진정한 투자자는 때로 보유 자산의 가치 하락에도 평정심을 유지하고, 자책하지 말아야 한다.[19]

이 말은 지난 금융위기에 손실을 본 모든 투자자들에게 해당된다. 지난 금융위기로 전 세계의 주가가 초저가 수준으로 곤두박질쳤다. 대부분의 투자자들은 이러한 상황이 되면 매수를 꺼린다. 그것이 전 세계적인 대바겐세일에 대한 합리적인 반응인데도 말이다.

우리는 어떠한 이유 때문에 다른 물건을 살 때와 같은 방식으로 주식을 사지 않는다. 가령 딸기 가격이 1월에 킬로그램 당 8달러로 오르면 비싸다고 사지 않고, 6월에 헐값으로 떨어지면 많이 산다. 그러나 주식의 경우에는 이처럼 행동하지 않는다. 주가가 높을수록 더 매력적이라고 생각하고, 낮을수록 사기를 꺼린다. 누구나 저가 매수 고가 매도를 외친다. 그러나 투자체질이 약하기 때문에 실제 행동에 옮기는 사람은 드물다. 투자체질이 약한 투자자는 몸 상태가 엉망인 운동선수와 같다.

2003년에서 2006년은 끝없는 파티 같은 느낌을 주었다. 당시에는 누구나 높은 수익률을 올릴 수 있었다. 그러다가 갑자기 파티가 끝나고 사람들은 장거리 달리기에 내몰렸다. 정신없이 파티를 즐기던 사람들 중 대다수는 결승점까지 이르지 못할 것이다.

그러면 인생의 결승점까지 달릴 수 있는 투자체질을 기르는 방법은 무엇일까? 운동경기를 준비할 때와 마찬가지로 착실한 훈련이 필요하다. 미리 경고하지만 충분한 투자체질을 갖추는 데 몇 년 혹은 몇 십 년이 걸릴 수도 있다.

핵심적인 훈련도구는 강세장에 고가로 매도하고, 약세장에 저가로 매수하는 재조정이다. 지난 금융위기 때처럼 최악인 상황에서는 대부분의 사람들이 저가에 투매하는 주식을 대량으로 사들여야 한다. 물론 심장이 떨릴 것이다. 그러나 베테랑 투자자들은 토할 것 같은 기분이 들 때 최고의 매수를 할 수 있다고 말한다.

이러한 연습을 장기간에 걸쳐서 주기적으로 반복하면 최악의 시기에 가장 수익성 높은 투자를 할 수 있다는 사실을 차츰 깨닫게 될 것이다. 주식은 악재가 넘치지 않으면 절대 싸지지 않는다. 계속 연습하다보면 최악의 시기에 저가로 매수하는 일에 익숙해지게 된다. 이때 비로소 강한 투자체질을 갖추었다고 말할 수 있다. 운이 좋다면 지난 금융위기 때처럼 역사적인 급락장에서 그동안 연마한 체력을 발휘할 수 있을 것이다.

이 메시지를 신경학적으로 해석하면 편도체가 조장하는 공포를 파충류 뇌의 본능적인 반응으로 인식하는 법을 배워야 한다. 증권방송을 볼 때도 편도체가 말하는 원시적인 언어를 현재 시장에 맞게 해석할 줄 알아야 한다. CNBC를 보다가 변연계가 '뱀이다!' 라고 외치면 매수해야 할 시기라는 뜻이다. 마찬가지로 중격의지핵의 자극은 손실로 이끄는 사이렌 소리로 들을 줄 알아야 한다. CNBC를 볼 때 중격의지핵이 '매수!' 라고 외치면 지갑을 단단히 움켜쥐어야 한다.

이처럼 본능적인 반응을 이겨낼 줄 알아야 높은 수익을 올릴 수 있다. 변연계는 두 살 난 아이처럼 주의력을 집중할 수 있는 시간이 짧아서 매일의 가격 변동에 집착한다는 사실을 알아야 한다. 따라서 주가가 하락할 때 변연계의 우는 소리에 귀를 닫아야 한다. 그럴 때는 차라리 텔레비전을 끄고 밖으로 나가서 산책을 하라. 그러면 한결 기분이 나아질 것이다. 또한 하락장에서는 주위사람들과 주식이야기를 하지 않는 편이 좋다. 그래봐야 기분만 더 나빠질 뿐이다. 누군가가 주식이야기를 꺼내면 화제를 바꾸어라. 그래도 계속 주식이야기를 하면 관심이 없는 척하라.

끝으로 은퇴자가 약세장을 견디는 데 도움이 되는 방법이 하나 있다. 그것은 포트폴리오를 주식과 채권이 담긴 두 개의 바구니로 생각하는 것이다. 주식이 든 바구니가 줄어들면 비중이 늘어난 채권을 팔아서 생활비를 충당하라. 그러다가 주식이 든 바구니가 늘어나면 주식을 팔아서 생활비를 대고 줄어든 채권 바구니를 다시 채우면 된다.

잘못된 유추를 피하라
대개 나쁜 기업이 좋은 주식이고, 좋은 기업이 나쁜 주식이라는 사실을 기억하라. 마찬가지로 경제성장률이 낮은 국가가 좋은 주식시장인 경우가 많다. 경제성장률이 높은 국가의 주식시장이 높은 수익률을 안겨줄 것이라고 생각하는 전형적인 실수를 저질러서는 안 된다.

잘못된 유추를 피하라는 말은 따분한 투자를 하라는 말의 변형이다. 좋은 신발, 차, 옷을 통해 위계질서의 사다리를 올라가려는 인간의 욕망은 주식에도 적용된다. 캐터필러의 주식이나 인덱스 펀드에 투자해서는 주위사람들의 관심을 끌지 못한다. 그냥 그들이 웃게 내버려 두라. 최후에 웃는 사람은 당신이 될 것이다.

무작위성을 받아들여라

2장에서 소개한 경제학자인 유진 파머는 반세기 전에 주식시장에서 나타나는 거의 모든 패턴이 우연에 불과하다는 사실을 발견했다. 마치 화성의 특정한 지형이 사람 얼굴처럼 보이듯이 말이다. 따라서 절대 과거의 주가 변동을 미래에 투영해서는 안 된다. 주가 변동은 완전히 무작위적이기 때문에 아무리 사후에 합리화시켜도 미래를 예측하지는 못한다.

다시 만 명이 들어찬 경기장을 상기해보자. 주가를 전망하는 수많은 투자전문가들 중에서 소수는 언제나 순전히 운으로 맞추게 되어 있다. 문제는 맞추는 사람이 해마다 바뀐다는 것이다. 그러니 그들의 말은 무시하는 편이 낫다. 나는 언론에서 주가를 전망하는 투자전문가들을 볼 때마다 프린스턴 대학의 버튼 말키엘Burton Malkiel 박사가 증권면에 다트를 던지게 했던 원숭이를 떠올린다.[20]

허상에 불과한 패턴을 추구하는 성향을 극복하는 두 가지 방법이 있다. 첫째, 시장이 어떻게 움직일지 떠오르는 감의 내용을 기록하라. 2,

3년이 지난 후 내용을 다시 보면 대부분의 경우 행동으로 옮기지 않은 것이 다행이라고 생각할 것이다. 시장은 참가자의 다수를 제물로 삼는 메커니즘이라는 사실을 명심해야 한다.

둘째, 최근의 수익률이 앞으로도 지속될 거라는 생각이 들면 장기 데이터를 확인하라. 장기 데이터는 단기 데이터보다 훨씬 중요하다. 2008년 말 기준으로 이전 10년 동안 S&P 500은 배당금을 재투자한 후에도 연 1퍼센트 이상의 손실을 냈다. 여기에 물가상승률까지 반영하면 손실은 거의 연 4퍼센트에 이른다. 투자자로서는 절망적인 수준이 아닐 수 없다. 그러나 1989년부터 1998년 사이에는 연 19퍼센트 이상의 수익을 안겼다. 그래서 1998년 말에 많은 투자자들은 영원한 고수익률의 신시대를 맞았다고 생각했다.

장기 데이터를 확인하고 고든 방정식을 활용하면 강세장이 지속된 1989년부터 1998년이나 약세장이 지속된 1999년부터 2008년은 특별한 기간이었음을 알 수 있다. 1926년부터 2008년까지 S&P 500은 연 9.62퍼센트의 수익을 냈다. 그러나 고든 방정식을 적용하면 7퍼센트에서 8퍼센트에 해당하는 미래 수익률_{물가상승률 미반영}이 나온다. 앞서 말했듯이 고든 방정식은 장기 데이터보다 나은 미래 수익률 예측도구다. 그러나 둘 다 단기 데이터보다 훨씬 나은 시야를 제공한다.

끝으로 전설적인 투자자인 존 템플턴_{John Templeton}이 한 경고를 절대 잊어서는 안 된다. 그는 '이번에는 달라'가 가장 값비싼 말이라고 지적했다.

자기 과신에 빠지지 마라

당신은 투자세계에서 평균보다 뛰어나지 않다. 오히려 평균에 훨씬 못 미칠 가능성이 많다. 금융계는 똑똑한 사람들이 모여서 최고의 데이터와 시스템을 활용하는 곳이다. 당신은 주식이나 채권을 사고팔 때마다 훨씬 유리한 고지에 있는 프로들과 경쟁해야 한다. 결국 당신이 투자게임에서 승리할 확률은 동네 야구단이 뉴욕 양키스와 싸워서 이길 확률과 같다.

투자전문가인 찰스 엘리스Charles Ellis는 게임에서 이기는 방법은 세 가지뿐이라고 말했다. 첫째, 당신은 다른 사람들보다 똑똑해야 한다. 그러나 금융계의 수재들을 이길 일반인은 드물다. 둘째, 당신은 다른 사람들보다 부지런해야 한다. 그러나 월가의 일벌레들을 이길 일반인은 드물다. 엘리스의 말을 들어보자.

> 미식축구 경기를 보면 프로선수들이 당신보다 훨씬 빠르고, 힘세고, 고통을 잘 참는다는 사실이 자명하다. 분명히 당신은 프로선수들과 경기하고 싶다는 생각을 하지 않을 것이다. 그러나 주식 거래량의 90퍼센트는 기관들이 주무르고, 그 중 절반은 세계 50대 투자사들이 주무른다. 철저하게 준비된 세계 제일의 수재들이 하루 종일 시장을 휘젓고 다니는 것이다. 나역시 그들에 맞서서 경기하고 싶지 않다.[21]

찰스 엘리스가 피하는 상대라면 당신도 피하는 것이 좋다. 그러나 엘리스는 어렵기는 해도 게임에서 이기는 세 번째 방법이 있다고 말한다. 그것은 인덱스 펀드를 장기간 보유하는 것이다. 역설적이지만 아예 게임을 하지 않는 것이 게임에서 이기는 유일한 방법이다.

마지막으로 충고할 말이 있다. 지난 금융위기를 겪은 사람들은 자신의 리스크 허용도를 과대평가하는 일이 얼마나 위험한지 잘 알 것이다.

그러나 운 좋게 금융위기를 피한 사람들은 주의해야 한다. 당신이 생각하는 리스크 허용도와 실제 리스크 허용도는 완전히 다를 수 있다. 말은 누구나 쉽게 할 수 있지만 실제 리스크를 견디는 일은 결코 쉽지 않다. 이전에 한 번도 경험한 적이 없다면 처음 급락장을 맞을 때 보수적으로 투자할 것을 권한다.

구두쇠처럼 투자하라

투자계의 진정한 귀족계급에 속하고 싶은가? 그렇다면 연방 공무원이 되어서 공무원 저축연금Thrift Savings Plan에 가입하라. 이 연금은 전체 수수료가 0.015퍼센트에 불과하다.

반면 부유한 투자자들과 그들처럼 되고 싶어 하는 투자자들은 금융사의 돈줄 노릇을 한다. 업계에서는 그들을 '고래whale'라고 부른다. 절대 고래가 되지 마라. 언뜻 정교해 보이는 파생 투자 전략을 쓰는 헤지펀드나 사모펀드의 유혹에 넘어가지 마라. 수수료가 저렴한 인덱스 펀드를 사라. 많은 펀드사들은 최저 가입금액이 높은 대신 수수료가 아주 낮은 특별 펀드를 판매한다. 가령 뱅가드에서 판매하는 애드머럴 클래스Admiral Class의 수수료는 일반 펀드 수수료의 절반 수준인 0.09퍼센트에서 0.20퍼센트에 불과하다. 단 최저 가입금액이 3천 달러인 일반 펀드보다 3배 이상 많은 10만 달러다.

> 부유한 투자자들을 따라가지 마라. 그들은 금융사의 호구일 가능성이 높다.

금융사의 임원들은 투자자들이 준 돈으로 개인 제트기를 사고 여덟 자리 보너스를 받는다. 그러면서도 투자자들에게는 평균에 못 미치는 수익만을 돌려준다. 만약 당신이 초호화가구로 가득한 널찍한 사무실에서 개인 제트기로 휴가를 다니는 금융사 임원 앞에 앉아 있다면 뒤도 돌아보지 말고 도망쳐라. 노름꾼들의 말처럼 포커판에서 누가 호구인지 모르겠다면 바로 당신이 호구다.

핵심
POINT

- 투자세계에서 일어난 현상에 대하여 간단한 이야기 형식으로 들려주는 설명을 주의하라. 최선의 방법은 2장에서 설명한 공식에 따라 기대수익률을 구하는 것이다.
- 포트폴리오에서 재미와 과시욕의 기름을 빼라. 이 두 가지는 많은 비용을 초래한다.
- 주기적으로 포트폴리오를 재조정하라. 그래야 대세를 거스를 수 있다. 투자실력에서 가장 중요한 요소는 감정을 다스리는 절제력이다.
- 단선적인 유추를 피하라. 대개 좋은 기업은 좋은 주식이 아니며, 경제성장률이 높은 나라는 좋은 시장이 아니다.
- 존재하지 않는 패턴을 쫓지 마라. 금융시장에서 일어나는 대부분의 단기적 현상은 무작위적 잡음이다.
- 자기 과신에 빠지지 마라. 주식이나 채권을 매매할 때 누구를 상대해야 하는지 기억하라.
- 화려한 투자상품을 욕심내지 마라. 대부분 쓴 입맛만을 남길 것이다. 무색무취한 인덱스 펀드가 은퇴 준비에는 더 낫다.

Chapter 5

날강도들

Muggers and Worse

주가가 고공행진을 하던 2006년 봄에 나는 한 투자총회에서 경제사와 시장수익률의 상관관계에 대한 강연을 했다. 내 차례가 되기 전에 대형 투자사에서 일하는 키 크고 잘생긴 투자상담사가 내게 다가와 자기를 소개했다. 그는 나를 내려다보면서 자못 진지한 목소리로 "번스타인 씨, 당신은 의사 치고는 투자서를 잘 쓰는 편이지만 대안상품에 대해서는 아는 게 없어요."라고 말했다. 그가 말하는 대안상품은 당시 대형 투자사들이 홍보하던 원자재 펀드, 구조화 투자상품, 주택저당증권, 부채 담보부 증권, 신용부도스왑, 경매방식채권, 그리고 대표적으로 헤지펀드를 가리킨다.

이 투자상품들은 세 가지 공통점을 지닌다. 첫째, 이후 2년 동안 상당수가 휴지조각으로 변했다. 둘째, 높은 수수료를 물렸다. 셋째, 투자사에 많은 돈을 벌어다주었다. 수백만 명의 투자자들과 수많은 연기금은 투자업계의 꿍꿍이를 의심하지 않은 대가로 수조 달러를 잃었다. 진정한 비극은 이러한 피해를 미연에 방지할 수 있었다는 것이다.

세계 최대의 우범지대

미국에는 도시마다 우범지대가 있다. 투자세계는 이 보다 더 험하다. 그래서 안전한 집에서 10미터라도 벗어나서는 안 된다. 현명한 투자자는 투자세계의 거의 모든 곳을 우범지대로 대한다. 여기에는 모든 증권사, 모든 소식지, 모든 투자상담사, 모든 헤지펀드가 포함된다. 대부분의 펀드사는 악덕기업보다 더 많은 독극물을 투자세계에 방출한다. 또한 대부분의 투자상담사는 무능하기 짝이 없다. 그러니 누구를 믿을 수 있겠는가? 투자세계에서는 믿을 사람이 거의 없다.

왜 투자업계는 이처럼 끔찍한 상황을 맞은 것일까? 첫째, 정부나 업계에서 펀드 매니저뿐만 아니라 투자중개인에 대한 학력요건을 정하지 않았기 때문이다. 일반적인 투자중개인의 금융지식은 깜짝 놀랄 정도로 형편없다. 이 책을 여기까지 읽었다면 대부분의 투자중개인보다 금융에 대해 더 많이 안다고 해도 무방하다. 나는 아직 파머와 프렌치의 이름과 주식시장의 역사를 알거나 리스크 수준이 장기적으로 수익률에 미치는 영향을 쉽게 설명할 줄 아는 투자중개인을 만나보지 못했다.

생각해보라. 의사, 변호사, 회계사는 수년에 걸친 공부를 통해 어려운 시험을 통과해야 하지만 투자중개인은 고졸이어도 된다. 게다가 무능한 투자중개인은 무능한 회계사보다 훨씬 빨리 당신의 재산을 거덜낼 수 있다. 그래도 그 과정에서 적지 않은 성과금을 챙긴다.

> 평균적인 투자중개인은 투자에 전혀 도움이 되지 않는다.

둘째, 앞서 말했듯이 금융업계로 들어가는 사람들은 교육계나 공공조직에 들어가는 사람들과 다른 동기를 추구한다. 사리사욕을 넘어서는 비전을 가진 헤지펀드 매니저나 펀드사 임원을 만나기는 힘들다. 그들은 대부분 돈을 벌려고 금융업계로 들어섰다고 보면 된다. 그러니 당신의 돈을 불려주겠다고 나서는 사람들을 특별히 조심해야 한다.

셋째, 금융업계에서는 대리관계 충돌agency conflict이 자주 발생한다. 펀드사나 증권사는 두 주인을 섬긴다. 하나는 고객이고 다른 하나는 회사의 주주다. 모든 기업의 목표는 진짜 주인인 주주의 이익을 극대화하는 것이다. 그러기 위해서 펀드사나 증권사는 고객의 이익을 희생시킨다. 한마디로 그들은 고객의 출혈로 주주들의 배를 불린다.

고객의 이익을 우선시해야 계속 사업을 유지할 수 있지 않을까? 그렇지 않다. 고객의 입장에서 최고의 투자방식은 0.1퍼센트에서 0.2퍼센트의 저렴한 수수료만 내고 인덱스 펀드에 가입하는 것이다. 그러나 펀드사는 수수료와 거래비용으로 연 2퍼센트를 지불해야 하는 액티브 펀드에 가입하라고 귀가 얇은 투자자들을 꼬드긴다. 증권사 역시 해마다 수수료와 다른 잡다한 명목으로 비슷한 돈을 어렵지 않게 받아먹는다. 고객이 현실을 깨닫고 1, 2년 후에 손을 턴다고 해도 이미 그들은 양심적인 관행으로는 수십 년이 걸릴 돈을 벌었을 것이다. 그리고 고객이 현실을 깨닫지 못하면 그들로서는 더욱 좋은 일이다. 투자업계에서 정직은 절대 최선의 정책이 아니다.

투자업계에서 떠도는 이야기를 하나 소개하겠다. 신참 중개인이 성공의 비결을 묻자 고참 중개인은 이렇게 대답했다. "간단해. 몇 년에 걸쳐서 조금씩 고객의 돈을 내 명의로 바꾸는 거지." 이 말은 농담이 아니다. 고참 중개인의 고객이 1969년 1월에 1천 달러를 맡겼다고 가정하자. 고참 중개인은 해마다 3퍼센트의 수수료를 받아서 자기 명의로 투자했다. 고객은 해마다 S&P 500의 시장수익률에 3퍼센트의 수수료를 제한 돈을 받았다. 반면 중개인은 비용이 0.2퍼센트에 불과한 인덱스 펀드에 투자했다. 그림 5.1은 장기간에 걸친 두 사람의 자산 추이를 보여준다. 보다시피 1993년부터 중개인의 자산이 고객의 자산보다

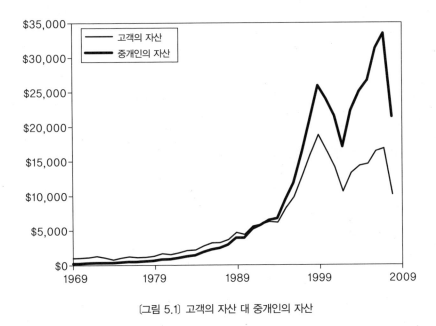

〔그림 5.1〕 고객의 자산 대 중개인의 자산

많아지고, 2008년 말에는 거의 두 배로 불어난다.

사실 중개인들은 많은 훈련을 받는다. 그러나 그들이 집중적으로 받는 훈련은 판매기술이지 투자기술이 아니다. 한 기자가 신분을 숨기고 메릴 린치와 푸르덴셜―바슈에서 중개인 교육 실태를 확인한 바에 따르면 대부분의 교육생은 금융지식을 전혀 갖추지 않은 것으로 드러났다. 중고차 판매원 출신인 한 교육생은 기자에게 "알고 보면 차를 파는 일과 다를 게 없어."라고 말했기도 했다.

두 회사는 주식과 채권에 대한 기본적인 교육을 실시했지만 고객을 상대로 아는 척하는 데 필요한 수준에 그쳤다. 교육의 대부분은 어학연수실 같은 곳에서 앵무새처럼 정해진 판매 멘트를 반복하는 일로 채워졌다. 이러한 판매 멘트는 고객의 탐욕과 공포를 자극하도록 만들어진 것이었다.

50년 전에는 중개인들이 "IBM 주식이 본격적으로 상승할 것 같군요. 300주 정도 바로 매수하는 게 좋겠습니다."라고 말했지만 최근에는 "제일 걱정되시는 게 무엇입니까?"라고 묻는다. 그래야 최대한 판매를 늘릴 수 있기 때문이다. 교육이 끝나면 교육생들은 하루에 최소 180통의 판촉전화를 걸어야 했다.[1]

문제는 중개인이 운용하는 계좌의 성과를 집계한 객관적인 데이터가 거의 없다는 것이다. 중개인에게 맡긴 포트폴리오의 지난 회전율, 전체 비용, 수익률을 알고 싶은가? 아마 알기가 쉽지 않을 것이다. 놀랍게도 투자자들의 이익을 보호해야 할 증권거래위원회나 금융업계의 자율감독기구인 금융산업규제국FINRA은 중개인의 투자내역과 성과를 담은 데이터를 남기지 않는다. 우리는 그저 매일 금융업계를 지켜보면서 최소한의 정보를 얻을 뿐이다. 중개인들은 국채나 인덱스 펀드를 거의 권하지 않는다. 수수료 수익이 미미하기 때문이다. 그들이 주로 권하는 것은 상당한 이윤을 남겨주는 회사채와 지방채다. 증권사들은 대개 자신들이 보유한 물량을 사고판다. 그래서 고객에게 마치 선심을 쓰듯이 수수료가 없다고 말한다. 그러나 사실 그 채권은 방금 다른 고객으로부터 싸게 샀을 가능성이 높다. 최근까지 회사채와 지방채의 일일 호가는 쉽게 확인할 수 없었기 때문에 고객들은 눈뜨고 당할 수밖에 없었다.

또 다른 숨겨진 수법은 똑똑한 기관투자가들이 거부한 자사 인수분 주식이나 채권을 특별 상품인 양 떠넘기는 것이다. 증권사들은 대개 이 쓰레기들을 순진한 고객에게 가장 많이 팔아치운 중개인에게 후한 보너스를 제공한다. 물론 증권사들은 이러한 내막을 알리지 않는다. 그러나 외부 투자상담사가 보면 기관투자가들로부터 버림받은 신규 발행

주식과 채권이 고객의 계좌에 가득한 경우가 심심찮게 발생한다.

고객은 중개인이 시장수익률을 능가하는 종목을 추천할 거라고 기대한다. 중개인이 신중한 조사와 분석을 통해 종목을 선택한다면 그나마 다행이다. 그러나 그들은 종목선정의 전문가가 아니라 판매의 전문가일 뿐이다. 애초에 그들이 종목선정에 뛰어나다면 중개인이 되지 않았을 것이다. 대개 그들이 추천하는 종목은 본부에서 일괄적으로 밀어내는 것이다. 증권사의 내부 연락망은 하루에 예닐곱 번씩 본부의 애널리스트가 선정한 종목을 알리느라 요란하다.

물론 추천종목이 완전히 쓸모없는 것은 아니다. 그러나 추천종목의 정보는 기관 고객이나 VIP 고객에게 먼저 전달된 후 일반 고객에게 전달된다. 따라서 일반 고객이 정보를 접할 무렵에는 이미 가격이 올라서 종목 추천을 받는 이점을 상실하고 만다.

이해관계의 충돌은 종목 추천의 도덕성도 심각하게 훼손시킨다. 만약 애널리스트가 특정 종목에 대하여 부정적인 의견을 내면 해당 기업에서 주식이나 채권을 발행할 경우 배제될 가능성이 높다. 그래서 애널리스트의 투자의견이 매도로 나오는 경우는 드물다. 1990년대 말에 닷컴기업의 신규 상장 물량이 투자사에게 엄청난 수익을 안겨주면서 이러한 문제는 더욱 심각해졌다. 메리 미커Mary Meeker와 헨리 블로젯Henry Blodget 같은 기술 부문 애널리스트들은 본사의 이익을 대변하는 추천을 일삼았다. 그들이 누구 편인지 일반투자자들이 깨달았을 때는 이미 너무 늦은 후였다블로젯은 증권거래위원회로부터 징계를 당한 후 잘못을 뉘우치고 투자업계의 관행을 비판하면서 인덱스 펀드 투자를 지지하는 입장으로 돌아섰다. 인터뷰와 저술에 뛰어난 재능을 가진 그는 「슬레이트Slate」와 「뉴스위크」에 자주 글을 싣는다.

따라서 애널리스트의 보고서를 읽을 때는 투자사와 연계되지 않은 독립적인 리서치 기업에 소속된 애널리스트인지 확인해야 한다. 그러나 리서치 전문 기업들은 주로 엄청난 금액을 받고 기관에 보고서를 팔기 때문에 일반투자자들은 리서치 전문 기업의 보고서를 손에 넣기 어렵다.

그러면 왜 일반 대중은 투자업계의 부정행위로부터 의료, 회계, 법 같은 다른 분야만큼 보호받지 못하는 것일까? 그 이유는 다른 사회 분야는 엄격한 규제를 받고 있어서 조그만 부정이라도 저질렀다가는 밥줄을 잃기 때문이다. 의료사고를 낸 의사는 면허를 취소당한다. 업계 기준에 크게 못 미치는 회계사나 변호사 역시 마찬가지다.

그러나 중개인들은 예외다. 연방정부는 다른 직업만큼 중개인들을 규제하지 않는다. 가령 법에 따르면 중개인들은 수탁자로서의 의무를 지지 않는다. 그래서 고객의 이익을 우선시할 의무가 없다. 반면 의사, 회계사, 변호사는 모두 고객에 대하여 수탁자로서의 의무를 진다. 투자상담사 역시 마찬가지다.

어떤 이유인지는 모르겠지만 증권사들은 이러한 의무를 피해갔다. 문제는 투자의 경우 고객의 이익과 투자사의 이익이 상반될 수 있다는 것이다. 증권사는 고객으로부터 가능한 한 많은 수수료를 뜯어내야 이익을 늘릴 수 있다.*

> 중개인은 의사나 회계사 혹은 변호사와 달리 고객의 이익을 우선시할 법적 의무가 없다.

---

*얼마 전에 오바마 정부는 투자업계에 수탁 의무를 부여하는 것을 포함한 대대적인 금융개혁안을 제안했다.

어떤 면에서 상황이 이렇게 전개된 것은 역사적 우연이다. 다른 모든 직업의 경우 오랜 역사를 거치면서 최소한의 규제가 필요하다는 사실을 깨달았다. 한 예로 100년 전에 미국과 캐나다의 의료 교육 실태를 담은 플렉스너 보고서가 나왔다. 이러한 인식의 변화 덕분에 고등학교 중퇴자는 의사나 변호사가 될 수 없다. 그러나 중개인이 되는 것은 가능하다.

투자 회사 와   마 케 팅 회 사

앞서 살펴본 이야기들이 전하는 메시지는 명확하다. 절대 중개인이나 증권사를 이용하지 말라는 것이다. 순식간에 눈뜨고 코 베이는 일을 당할 것이다. 그들은 수탁 의무를 지지 않기 때문에 부적절한 투자상품을 떠안은 고객도 법적으로 보호받을 길이 없다.

뮤추얼 펀드 산업이 열어준 길은 여전히 고객에게는 험난하지만 그래도 한결 투명한 데다가 투자기업법의 보호수단을 제공한다. 고객으로서는 재산을 보호하기 위해 싸울 수 있는 최소한의 수단을 얻는 셈이다. 구체적으로 뮤추얼 펀드는 다음과 같은 이점을 지닌다.

- **폭넓은 분산**: 대부분의 뮤추얼 펀드는 수백 가지 종목을 편입하여 위험을 줄인다. 물론 2장에서 소개한 밀러처럼 비교적 적은 종목만 보유하다가 고객에게 큰 피해를 입히는 사례도 있다.
- **비용의 투명성**: 펀드사는 증권사와 달리 투자안내서와 운용보고서를 통해 수수료와 비용을 확실하게 밝힌다. 거래비용은 공개되지 않지만 회전율이나 펀드 규모 등을 통해 추측할 수 있다. 회전율

10퍼센트마다 수익률이 약 0.1퍼센트 줄어들기 때문에 회전율이 낮을수록 좋다.

- **전문적 운용**: 전직 중고차 판매원도 중개인이 될 수 있지만 펀드 매니저는 금융이나 경제를 전공하고 투자원칙들을 잘 알아야 한다. 그래도 장기적으로 시장수익률을 넘어서기는 힘들다. 그러나 최소한 중개인들이 저지르는 치명적인 실수들은 피할 수 있다.
- **보호수단**: 투자기업법은 고객이 자산을 보호할 수 있는 수단을 제공한다. 그래서 투자사와 달리 펀드사가 노골적인 부정을 저지르는 경우는 드물다.
- **편의성**: 마우스 클릭만으로 쉽게 포트폴리오를 구성할 수 있다.

지금까지 나온 내용은 나무랄 데가 없다. 그러나 분산, 투명성, 전문성, 보호수단, 편의성이라는 장점도 금융업계 전반에 걸친 세 가지 큰 문제점 가운데 두 가지를 제거하지는 못한다. 그것은 윌리 서튼Willie Sutton 현상과 대리관계 충돌이다.

슈바이처 박사나 테레사 수녀 같은 중개인은 없다. 펀드사 경영진 역시 예외는 아니다. 투자사와 마찬가지로 펀드사 역시 진짜 주인은 투자자들이 아니라 회사의 주주들이다. 위대한 경제학자인 폴 사무엘슨Paul Samuelson은 이런 말을 했다.

뮤추얼 펀드 산업에서 돈을 버는 유일한 장소는 조신한 사람이 술집에서 있을 유일한 장소와 같다. 그것은 바의 앞이 아니라 뒤다... 그래서 나는 펀드사의 지분을 샀다.[2]

펀드사의 이익은 운용자산의 규모에 비례하기 때문에 고객에게 돌려주는 수익이 아니라 운용자산을 불리는 데 초점을 맞춘다. 다행인 점은 수익과 운용자산의 규모 사이에 긴밀한 관계가 존재한다는 것이다. 또한 주기적으로 성과보고서를 공개해야 하고, 고객이 쉽게 자금을 이동시킬 수 있기 때문에 부정을 저지를 기회가 적다.

그러나 여전히 투자자의 이익과 펀드사의 이익 사이에는 커다란 간극이 존재한다. 제이슨 츠바이크는 1997년에 투자기업협회 모임에서 이러한 이해충돌 문제와 관련하여 분명한 기준을 제시했다. 그는 펀드사를 고객을 위하는 '투자회사' 와 주주를 위하는 '마케팅회사' 로 나누었다. 다음은 그 연설의 내용이다.

마케팅회사는 다수의 '인큐베이터 펀드' 를 만든다. 그 중 소수가 순전히 운 덕분에 뛰어난 수익률을 기록한다. 그러면 마케팅회사는 소수 펀드의 수익률을 적극 홍보하면서 순진한 고객들을 끌어 모은다. 투자회사는 이런 식으로 영업하지 않는다.

운용자산이 늘어나면 펀드사는 규모의 경제에 따른 혜택을 누린다. 마케팅회사는 그 혜택을 수수료 인하의 형태로 고객에게 돌려주지 않고 이익으로 챙긴다. 반면 투자회사는 혜택을 고객에게 돌려준다.

마케팅회사는 가장 유리한 기간에 최고의 수익률을 올린 펀드를 내세워서 광고를 만든다. 투자회사는 그렇게 하지 않는다.

마케팅회사는 약세장이 오래 지속될 때도 고객에게 투자리스크를 설명하

지 않는다. 반면 투자회사는 거듭 투자리스크를 설명한다.[3]

또한 마케팅회사는 자기거래self dealing라는 못된 버릇을 갖고 있다. 펀드사는 주식을 매매하는 증권사에 수수료와 스프레드로 많은 돈을 지불한다. 이때 그 대가로 증권사로부터 리베이트를 받거나 아예 같은 계열의 증권사에 거래를 몰아주는 경우가 많다. 펀드 가입자들은 이처럼 은밀하게 돈을 갈취하는 더러운 거래를 모른다. 업계에 정통한 전문가가 아니면 이러한 정보에 접근할 방법이 없다. 한마디로 금융사의 소유 구조가 장기적으로 고객들을 섬기는 수준을 결정짓는다. 표 5.1은 이 말을 분명하게 증명한다. 보는 바와 같이 18개의 대형 펀드 가운데 비영리 펀드나 개인 소유 펀드가 1위, 2위, 3위, 6위, 9위에 랭크되고 상장된 모회사가 있는 펀드들은 부진을 면치 못했다.

상장된 모회사가 있는 펀드사에는 투자하지 마라.

이 결과는 우연이 아니다. 오늘날의 성과주의 환경에서 상장 펀드사는 다음 분기의 이익에 신경 쓸 수밖에 없다. 여기서 말하는 이익은 펀드사의 이익이지 고객의 이익이 아니다. 결국 고객들은 상장 펀드사에게 이익을 지불해야 한다. 고객이 업계의 수익원 노릇을 하는 것이다.

최선의 경우는 모회사나 개인이 아니라 가입자들이 펀드사를 직접 소유하는 것이다. 2장에서 언급했듯이 여기에 해당하는 펀드사는 오직 뱅가드 그룹뿐이다. 뱅가드 그룹의 국내 주식 인덱스 펀드는 대개 0.09퍼센트에서 0.30퍼센트, 액티브 펀드나 해외 펀드는 약간 더 높은 수수료를 물린다. 반면 다른 액티브 미국 주식 펀드는 평균적으로 1.35퍼센

순위	회사	소유구조	모닝스타 4-5스타를 받은 펀드의 비율	모닝스타 1-2스타를 받은 펀드의 비율
1.	뱅가드	뮤추얼	59%	5%
2.	DFA	개인	57%	7%
3.	TIAA-CREF		54%	4%
4.	T 로우 프라이스 (T Rowe Price)	상장	53%	9%
5.	야누스(Janus)	상장	54%	16%
6.	아메리칸	개인	46%	20%
7.	프랭클린 템플턴 (Franklin Templeton)	상장	31%	22%
8.	모건 스탠리	상장	32%	30%
9.	피델리티(Fidelity)	개인	31%	34%
10.	바클레이즈	상장	27%	31%
11.	AIM 인베스트(AIM Invest)	상장	20%	34%
12.	콜롬비아	상장	23%	38%
13.	골드만 삭스	상장	15%	55%
14.	드레이퍼스(Dreyfus)	상장	12%	53%
15.	메인스테이(MainStay)	상장	20%	60%
16.	존 행콕(John Hancock)	상장	17%	60%
17.	ING	상장	9%	64%
18.	퍼트넘(Putnam)	상장	4%	62%

〈표 5.1〉 펀드의 운용실적과 소유구조

주: 순위는 4-5스타 펀드의 비중과 1-2스타 펀드의 비중을 점수로 환산하여 매긴 것이다.
출처: 존 보글(John C. Bogle), "A New Order of Things-Bringing Mutuality to the 'Mutual' Fund,", 조지 워싱턴 법학대학원 강연(2008. 2. 19).

트, 해외 주식 펀드는 그보다 높은 수수료를 물린다.

그 다음으로 나은 경우가 개인 소유 펀드사다. 대표적인 개인 소유 펀드사로는 피델리티, DFA, 아메리칸 펀드가 있다. 이 펀드사들은 상장되지 않았기 때문에 매 분기마다 실적을 보고할 필요가 없다. 이 펀드사들도 대리관계 충돌로부터 자유롭지는 않지만 고객의 장기적인 이익을 위해 노력하는 편이다. 그러면 주요 펀드사들을 하나씩 살펴보자.

존슨 가문이 운영하는 피델리티는 1949년에 에드워드 C. 존슨 2세Edward C. Johnson II에 의해 설립되었다. 창업주에 이어 회사를 물려받은 에드워드 C. '네드' 존슨 3세Edward C. 'Ned' Johnson III는 경쟁자들보다 앞서서 컴퓨터 시대로 진입했다. 또한 그는 고객들에게 그때그때 가장 인기 있는 펀드를 제공하는 데 뛰어난 재능을 가졌다. 가령 브라질 채권이나 풍력주가 각광받는다면 피델리티에서 관련 펀드에 가입할 수 있다.

츠바이크의 정의에 따르면 피델리티는 분명히 마케팅회사에 속하지만 두 가지 미덕을 지녔다. 첫째, 소유구조 덕분에 보다 고객지향적인 문화를 통해 고객층을 유지하려고 노력한다. 그래서 다른 펀드보다 약간 수수료가 낮다. 둘째, 아주 낮은 비용으로 패시브 펀드를 제공한다. 이 펀드들은 고객 유치를 위해 손실을 감수하는 일종의 미끼상품이다. 이처럼 할인된 펀드만 공략하면 충분히 이득을 누릴 수 있다.

아메리칸 펀드는 약간 예외적인 사례에 속한다. 개인 소유인 캐피털 그룹 컴퍼니Capital Group Company에 속한 아메리칸 펀드는 투자상담사와 투자중개인들에게 판매 수수료를 주고 펀드를 판다. 물론 이러한 방식이 고객에게 도움이 될 리 없다. 그러나 아메리칸 펀드는 매우 엄격한 투자기준을 적용하여 준수한 장기 실적을 올렸다. 만약 액티브 펀드를 꼭 사고 싶다면 아메리칸 펀드의 상품을 추천한다.

앞서 언급했듯이 DFA는 1981년에 데이비드 부스와 렉스 싱크필드에 의해 설립되었다. 두 사람은 효율적 시장 가설의 창시자인 유진 파머의 투자철학을 계승한다. 또한 오랫동안 파머와 공동연구를 진행한 켄 프렌치가 펀드를 기획한다. 그래서 모든 상품이 패시브 펀드이며, 대부분 소형주와 가치주에 높은 가중치를 둔다. DFA의 소유자는 부스와 싱크필드지만 파머와 프렌치도 적극적으로 운영에 참여한다. DFA 역시 개인 소유이기 때문에 수수료가 뱅가드보다 0.1퍼센트에서 0.2퍼센트 높은 정도다. 소형주와 가치주에 투자하고 싶다면 DFA의 펀드를 권한다. 다만 DFA의 펀드에 가입하려면 투자상담사에게 수수료를 지급해야 한다. 내 생각에 스스로 투자 관리를 할 수 있는 사람은 굳이 일년에 0.5퍼센트에서 2퍼센트의 보수를 주어야 하는 투자상담사를 둘 필요가 없다. 그러나 투자상담사를 둘 생각이라면 DFA의 펀드를 취급하는 투자상담사를 골라야 한다.

끝으로 상장 펀드사지만 추천할 만한 펀드사로 바클레이즈가 있다. 바클레이즈가 판매하는 아이쉐어즈iShares 펀드는 ETF 분야에서 선두를 달렸다. 나는 ETF를 선호하지 않지만 소액투자자들도 아이쉐어즈 펀드를 통해 뱅가드나 피델리티가 취급하지 않는 자산군에 대하여 투자 기회를 얻을 수 있다. 하지만 블랙락BlackRock이 아이쉐어즈를 인수했기 때문에 앞으로의 전망은 밝지 않다.

- 당신은 금융서비스업계와 대치상황에 있다. 당신이 수수료, 비용, 스프레드로 지불하는 모든 돈은 고스란히 그들의 이익이 된다. 따라서 모든 투자중개인, 보험상담사, 뮤추얼 펀드 판매원, 투자상담사는 날강도나 다름없다는 생각을 가져야 손해를 보지 않는다.

- 펀드사와 증권사는 은밀하게 고객의 호주머니를 터는 수많은 방법을 알고 있다.

- 가능하다면 비영리 펀드에만 투자하라. 그것이 불가능하다면 다음 투자 순위는 개인 소유 펀드사다. 그러나 상장 펀드사의 펀드에 가입해야 한다면 가장 비용률과 회전율이 낮은 펀드를 골라라. 이 펀드들은 대개 ETF다.

Chapter 6

포트폴리오 구축

Building Your Portfolio

은퇴자금으로 얼마가 필요할까? 그만한 돈을 모으기 위해 얼마를 저축해야 할까? 은퇴하면 자산의 몇 퍼센트를 써야 할까? 이러한 질문들에 대한 답은 두 가지 규칙으로 정리된다. 첫째, 가능한 빨리, 가능한 많이 저축하고 절대 중단하지 마라. 둘째, 즉시연금을 우선적으로 고려하라.

즉 시 연 금 과 사 회 복 지 연 금

25살에 1달러를 저축하지 않으면 물가상승률을 반영할 경우 35살에는 2달러, 45살에는 4달러, 55살에는 8달러를 저축해야 한다. 현실적으로 45살이 되었을 때 충분한 저축액이 없다면 문제가 심각하다. 25살에 최소한 급여의 10퍼센트를 저축해야 하므로 45살에 시작한다면 최소한 급여의 절반을 저축해야 한다. 물론 대부분의 경우 급여의 절반을 저축하기는 불가능하다. 당장 생활비도 필요하고 세금도 내야 하기 때문이다.

일부 재무전문가들은 저축을 너무 많이 하면 한창 인생을 즐길 나이에 쪼들리는 생활을 해야 한다고 말한다. 미래를 완벽하게 준비하려고 지금 불필요한 희생을 할 필요는 없다는 뜻이다. 그러나 나는 그렇게 생각하지 않는다. 파스칼의 역설을 상기해보라. 과도한 저축으로 젊은 시절에 감수하는 고통은 충분하지 못한 저축으로 노년에 겪을 고통에 비하면 아무 것도 아니다.

노년에 돈이 떨어지는 리스크를 피하고 싶다면 은퇴 시 자산의 일부로 즉시연금에 가입하는 것이 좋다. 보험사가 판매하는 즉시연금은 사망 시까지 매월 고정 급여를 지급하며 추가 비용을 내면 배우자도 혜택을 받을 수 있다.

물론 연금에 가입하면 돈에 대한 통제권을 상실하며, 대부분의 경우 자녀들에게 남겨줄 유산이 남지 않는다. 그러나 연금에 가입하지 않으면 안전하게 쓸 수 있는 돈이 너무나 적다는 사실을 깨닫게 될 것이다. 차라리 유산이 없더라도 부담이 되지 않는 것이 자녀들 입장에서도 더 낫다.

나의 기본원칙은 매년 자산의 2퍼센트를 소비하면 매우 안전하고, 3퍼센트를 소비하면 대체로 안전하고, 4퍼센트를 소비하면 위험하고, 5퍼센트를 소비하면 매우 위험하다는 것이다. 따라서 생활비로 해마다 5만 달러를 쓸 경우 매우 안전하려면 250만 달러, 대체로 안전하려면 167만 달러가 필요하다. 만약 자산이 125만 달러라면 위험하고, 100만 달러뿐이라면 죽기 전에 돈이 다 떨어질 가능성이 높다.

연령, 성별, 혜택에 따라 차이가 있기는 하지만 실질 기준으로 6퍼센트에서 8퍼센트의 고정 급여를 지급하는 즉시연금들이 있다. 해마다 사망하는 일부 동료가입자들의 급여는 살아남은 사람들에게로 돌아간다. 다시 말해서 가입자들이 너무 오래 살 리스크에 대한 보험을 드는 셈이다. 따라서 당신이 장수한다면 일찍 죽은 사람들이 낸 연금의 덕을 보게 된다.

사회복지연금은 70살까지 수령을 유예하는 것이 좋다. 70살까지 기다리면 월 급여가 66살부터 받는 경우보다 거의 3분의 1이 늘어난다. 반면 62살부터 받으면 66살부터 받는 경우보다 4분의 1이 줄어든다. 다른 계산으로 70살까지 기다리는 경우 보장받는 추가 실질 수익률은 연 8퍼센트에 이른다. 8퍼센트는 어디에 투자해도 얻기 힘든 수익률이다. 따라서 오래 살 경우 늘어난 급여는 큰 도움이 된다.

> 매우 운이 좋은 경우가 아니라면 고령까지 살아도 걱정이 없는 충분한 저축액을 가진 사람은 드물다. 대부분의 은퇴자들은 사회복지연금의 수령을 70살까지 유예하여 일종의 장수보험을 든다. 여기에 즉시연금까지 추가한다면 더욱 좋다.

많은 은퇴자들의 경우 사회복지연금의 수령을 70살까지 유예해도 자산에서 인출해야 할 금액이 크게 늘어나지 않을 것이다. 그렇다면 즉시연금에 가입하는 것도 고려해보아야 한다. 즉시연금과 관련된 문제는 잠시 후에 살펴보도록 하자.

은 퇴   대 비   저 축

어떤 방식으로 자산을 배분해야 할까? 어떤 투자상품을 활용해야 할까? 은퇴 전후의 자산 배분은 어떻게 달라야 할까?

이미 2장에서 몇 가지 포트폴리오의 예를 살펴보았다. 아는 바와 같이 먼저 연령과 리스크 허용도에 따라 주식과 채권의 비중을 정한 다음 포트폴리오 규모와 관리능력에 따라 주식 종목군의 비중을 추가로 정하면 된다.

표 6.1과 6.2 그리고 6.3은 내가 추천하는 미국 주식 펀드, 해외 주식 펀드, 채권 펀드의 목록이다. 각 펀드별로 전통적인 개방형 펀드가 포함되어 있다. 뱅가드 펀드는 대부분 세 등급으로 제공된다. 최소가입액이 3천 달러인 인베스터 클래스, 최소가입액이 10만 달러지만 수수료가 훨씬 낮은 애드머럴 클래스보유기간이 10년 이상일 경우 5만 달러, 애드머럴 클래스보다 수수료가 약간 낮은 ETF가 그것이다.

ETF 제공 여부는 하단에 별표로 표시했다. ETF는 근본적으로 뮤추얼 펀드와 같지만 거래소에 상장되어 일반 주식처럼 매매된다는 점이 다르다. 또한 독특한 개발 및 환매방식 때문에 전통적인 개방형 펀드보다 세금 측면에서 유리하다. 다만 매매 시 수수료와 호가 스프레드로 인한 비용이 발생한다.

나는 ETF를 나쁘게 보지 않는다. 그러나 대부분의 투자자들은 전통적인 개방형 펀드에 가입하는 편이 낫다고 생각한다. 거기에는 세 가지 이유가 있다. 첫째, ETF가 비용 측면에서 지닌 약간의 이점은 매매수수료와 호가 스프레드로 쉽게 상쇄된다. 표 6.1과 6.2를 보면 여러 ETF의 비용률이 비슷한 개방형 펀드의 비용률보다 높게 나온다. 둘째, 거래소에서 쉽게 매매할 수 있다는 점이 반드시 좋은 것만은 아니다. 누구도 가격 동향을 예측할 수 없기 때문에 매매 시기를 놓고 고민해야 한다. 이런 면에서는 차라리 종가로만 거래되는 개방형 펀드가 낫다. 셋째, 기관 리스크을 무시할 수 없다. 솔직히 나는 장기로 ETF를 제공하는 기관들을 대부분 신뢰하지 않는다. 그들은 뱅가드를 제외하고 모두 상장사들이다. 얼마 전에 최대 ETF 상품군인 바클레이즈의 아이쉐어즈가 거대 상장금융사인 블랙락에 팔린 것도 바람직한 일이 아니다.

펀드명	추종지수	종류	종목기호	비용률	최소가입액	과세/비과세 (가입 가능 계좌)
대형주						
뱅가드 500 인덱스 펀드	S&P 500	개방형	VFINX	0.18%**	$3,000	둘 다
뱅가드 절세형 성장 & 소득 펀드	S&P 500	개방형	VTGIX	0.21%*	$3,000	과세
뱅가드 절세형 재산 증식 펀드	러셀 1000	개방형	VMCAX	0.21%*	$10,000	과세
뱅가드 대형주 인덱스 펀드	MSCI 750	개방형	VLACX	0.26%**	$3,000	둘 다
피델리티 스파르탄 500 인덱스 펀드	S&P 500	개방형	FSMKX	0.10%	$10,000	둘 다
아이쉐어즈 S&P 500 인덱스 펀드	S&P 500	ETF	IVV	0.09	없음	둘 다
SPDR	S&P 500	ETF	SPY	0.08%	없음	둘 다
뱅가드 전체 주식시장 펀드	윌셔 5000	개방형	VTSMX	0.18%**	$3,000	둘 다
피델리티 스파르탄 전체 주식시장 펀드	윌셔 5000	개방형	FSTMX	0.10%	$10,000	둘 다
아이쉐어즈 전체 주식시장 펀드	다우존스 전체 주식시장 지수	ETF	IYY	0.20%	없음	둘 다

〈표 6.1〉 저비용 미국 주식 펀드

펀드명	추종지수	종류	종목기호	비용률	최소가입액	과세/비과세 (가입 가능 계좌)
소형주						
뱅가드 소형주 인덱스 펀드	러셀 2000	개방형	NAESX	0.28%**	$3,000	비과세
뱅가드 절세형 소형주 인덱스 펀드	S&P 600	개방형	VTMSX	0.19%*	$10,000	과세
아이쉐어즈 S&P 600 소형주 인덱스 펀드	S&P 600	ETF	IJR	0.20%	없음	비과세
아이쉐어즈 러셀 2000 인덱스 펀드	러셀 2000	ETF	IWM	0.20%	없음	비과세
대형 가치주						
뱅가드 가치주 인덱스 펀드	MSCI 프라임 바라 가치주 지수	개방형	VIVAX	0.26%**	$3,000	비과세
아이쉐어즈 러셀 1000 가치주 인덱스 펀드	러셀 1000	ETF	IWD	0.20%	없음	비과세
아이쉐어즈 S&P 500/ 바라 밸류 인덱스 펀드	S&P 500/ 바라 밸류	ETF	IVE	0.18%	없음	비과세
소형 가치주						
뱅가드 소형 가치주 펀드	MSCI 미 소형 가치주 지수 (MSCI U.S. Small –Cap Value)	개방형	VIISVX	0.28%***	$3,000	비과세
아이쉐어즈 러셀 2000 가치주 펀드	러셀 2000 가치주 지수	ETF	IWN	0.25%	없음	비과세
아이쉐어즈 S&P SC 600 가치주 인덱스 펀드	S&P 600 SC바라 가치주 지수 (S&P 600 SCBarra Value)	ETF	IJS	0.25%	없음	비과세

〈표 6.1〉 저비용 미국 주식 펀드

펀드명	추종지수	종류	종목기호	비용률	최소가입액	과세/비과세 (가입 가능 계좌)
부동산 투자신탁						
뱅가드 부동산 투자신탁 인덱스 펀드	MSCI REIT	개방형	VGSIX	0.26%****	$3,000	비과세
아이쉐어즈 부동산 투자신탁	다우존스 REIT	ETF	IYR	0.48%	없음	비과세

* 보유기간이 5년 미만인 경우 환매수수료 1퍼센트. 애드머럴 클래스(Admiral Class)와 ETF로는 제공되지 않음.
** 애드머럴 클래스와 ETF로 제공됨.
*** ETF로 제공됨.
**** 보유기간이 1년 미만인 경우 환매수수료 1퍼센트. 애드머럴 클래스와 ETF로 제공됨.

〈표 6.1〉 저비용 미국 주식 펀드

출처: 뱅가드 그룹, www.morningstar.com

그래도 ETF를 사고 싶다면 다른 기업보다 오래 갈 가능성이 높은 뱅가드를 우선적으로 고려할 것을 권한다.

투자가치가 있는 세 가지 ETF가 있다. 첫 번째는 아이쉐어즈 EAFE해외 가치주 ETF다. 뱅가드는 이 ETF와 같은 구성을 가진 인덱스 펀드를 제공하지 않는다. 두 번째는 뱅가드 해외 소형주 ETF다. 이 ETF는 인베스터 클래스 펀드와 달리 0.75퍼센트의 매입수수료를 부과하지 않으며 비용률도 0.38퍼센트로 0.6퍼센트인 펀드 비용률보다 훨씬 낮다. 세 번째는 아이쉐어즈 해외 부동산 투자신탁 펀드로서 같은 구성을 가진 개방형 펀드가 없다.

펀드명	추종지수	종류	종목기호	비용률	최소가입액	과세/비과세 (가입 가능 계좌)
뱅가드 전체 해외시장 펀드	EAFE	개방형	VGTSX	0.39%***	$3,000	비과세
뱅가드 선진국 펀드	EAFE-EM	개방형	VDMIX	0.29%***	$3,000	둘 다
뱅가드 절세형 해외 펀드	N/A (해당사항 없음)	개방형	VTMGX	0.20%*	$3,000	과세
뱅가드 유럽 펀드	EAFE-E	개방형/ ETF	VEURX	0.29%**	$3,000	둘 다
뱅가드 태평양 펀드	EAFE-P	개방형/ ETF	VPACX	0.29%**	$3,000	둘 다
뱅가드 신흥시장 펀드	EAFE-EM	개방형/ ETF	VEIEX	0.39%*****	$3,000	둘 다
뱅가드 해외 소형주 펀드	FTSE All- World ex-U.S.	개방형/ ETF	VFSVX	0.60%****	$3,000	비과세
피델리티 스파르탄 해외 펀드	EAFE	개방형	FSIIX	0.10%	$10,000	둘 다
아이쉐어즈 MSCI 가치주 펀드	EAFE -Value	ETF	EFV	0.40%	없음	둘 다
아이쉐어즈 해외 부동산 펀드	FTSE EPRA /NAREIT Global RE ex-U.S.	ETF	IFGL	0.48%	없음	비과세

*보유기간이 5년 미만인 경우 환매수수료 1퍼센트, 애드머럴 클래스(Admiral Class)와 ETF로는 제공되지 않음.
**보유기간이 2개월 미만인 경우 환매수수료 2퍼센트, 애드머럴 클래스와 ETF로 제공됨.
***보유기간이 2개월 미만인 경우 환매수수료 2퍼센트.
****매입 및 판매수수료 0.75퍼센트, 비용이 낮은 ETF가 유리함.
*****매입 및 환매수수료 0.25퍼센트, 애드머럴 클래스와 ETF로 제공됨.

〈표 6.2〉 저비용 해외 주식 펀드

출처: 뱅가드 그룹, www.morningstar.com

펀드명	추종지수	평균 원금회수기간 만기 (2009. 1. 31 기준)	종목기호	비용률	최소가입액	과세/ 비과세
뱅가드 전체 채권 인덱스 펀드	리먼/ 바클레이즈 총계 지수 (Lehman/ Barclays Aggregate)	3.7/5.4	VBMFX	0.22%*	$3,000	둘 다
뱅가드 단기 채권 인덱스 펀드	리먼/ 바클레이즈 1–5년 정부/ 신용 채권 지수 (Lehman/ Barclays 1–5 Yr. Govt./Credit)	2.6/2.8	VBISX	0.22%*	$3,000	둘 다
뱅가드 단기 투자등급 채권 펀드	N/A	2.1/2.6	VFSTX	0.26%**	$3,000	둘 다
뱅가드 단기 국채 펀드	N/A	2.4/2.7	VFISX	0.22%**	$3,000	둘 다
뱅가드 단기 비과세 채권 펀드	N/A	1.1/1.3	VWSTX	0.20%**	$3,000	과세
뱅가드 기간한정 비과세 채권 펀드	N/A	2.6/2.7	VMTLX	0.20%**	$3,000	과세
뱅가드 중기 비과세 채권 펀드	N/A	5.9/7.3	VWITX	0.20%**	$3,000	과세
뱅가드 캘리포니아 중기 비과세 채권 펀드	N/A	6.1/7.6	VCAIX	0.20%**	$3,000	과세
뱅가드 플로리다 장기 비과세 채권 펀드	N/A	7.5/13.1	VFLTX	0.20%**	$3,000	과세

〈표 6.3〉 저비용 채권 펀드

펀드명	추종지수	평균 원금회수기간 만기 (2009. 1. 31 기준)	종목기호	비용률	최소가입액	과세/ 비과세
뱅가드 매사추세츠 장기 비과세 채권 펀드	N/A	7.0/10.5	VMATX	0.17%	$3,000	과세
뱅가드 뉴저지 장기 비과세 채권 펀드	N/A	6.7/9.8	VNJTX	0.20%**	$3,000	과세
뱅가드 뉴욕 장기 비과세 채권 펀드	N/A	7.6/12.7	VNYTX	0.20%**	$3,000	과세
뱅가드 오하이오 장기 비과세 채권 펀드	N/A	7.1/12.3	VOHIX	0.17%	$3,000	과세
뱅가드 펜실베이니아 장기 비과세 채권 펀드	N/A	6.7/10.1	VPAIX	0.20%**	$3,000	과세
뱅가드 고수익 회사채 펀드	N/A	4.0/6.2	VWEHX	0.32%***	$3,000	비과세
뱅가드 물가연동형 채권 펀드	N/A	5.8/8.8	VIPSX	0.25%**	$3,000	비과세

* 애드머럴 클래스와 ETF로 제공됨.
** 애드머럴 클래스로 제공됨.
*** 보유기간이 1년 미만인 경우 환매수수료 1퍼센트. 애드머럴 클래스로 제공됨.

〈표 6.3〉 저비용 채권 펀드

출처: 뱅가드 그룹. www.morningstar.com

매입단가 평준화와 가치 평준화

당신이 아직 젊고 급여의 상당 부분을 저축한다고 가정하자. 어떻게 자산 배분 정책과 저축 계획을 조화시켜야 할까? 가장 전통적인 방법은 주기적으로 일정한 금액을 주식과 채권에 투자하는 매입단가 평준화다. 한 가지 예를 들어보자. 당신은 주식과 채권의 비중을 67대 33으로 정하고 미국 주식 인덱스 펀드, 해외 주식 인덱스 펀드, 채권 인덱스 펀드로 균등하게 배분하기로 결정했다 주식 3분의 2, 채권 3분의 1. 당신의 한 달 저축액은 300달러로 100달러씩 각 펀드에 들어간다. 해외 주식 펀드는 변동성이 높아서 가격이 5달러, 10달러, 15달러를 오간다. 이 경우 3개월에 걸쳐 이 펀드를 매입하면 아래와 같이 평균 매입단가가 결정된다.

	매입액	가격	매입량
1개월	$100	$15	6.67
2개월	$100	$5	20.00
3개월	$100	$10	10.00
전체	$300		36.67
평균 매입단가	$8.18		

가격이 가장 낮은 5달러일 때 가장 많은 양을 매입했기 때문에 평균 매입단가인 8.18달러는 3개월 평균 가격인 10달러보다 낮다. 이처럼 매입단가 평준화는 가격에 상관없이 주기적으로 동일한 금액만큼 매입하는 것이다. 그러면 평균 매입단가를 낮추어 전체 수익률을 높이는 효과를 가져 온다.

> 젊은 투자자는 매입단가 평준화나 가치 평준화 같은 일관된 저축방식을
> 고수해야 한다.

물론 이는 극단적인 사례다. 아무리 변동성이 심해도 3개월 연속으로 가격이 두 배 이상 오르내리지는 않는다. 그래도 요점은 같다. 매입단가 평준화는 낮은 가격으로 더 많은 양을 살 수 있게 해줌으로써 장기 수익률을 향상시킨다.

이 저가 매수 원칙을 적용하는 더 나은 기법이 있다. 바로 하버드 대학 금융학 교수인 마이클 에델슨Michael Edelson이 개발한 가치 평준화라는 기법이다. 가치 평준화는 수학적 공식에 따라 자산을 체계적으로 매수하는 것으로서 내가 아는 가장 강력한 노후 대비 저축기법이다.[1]

그러면 구체적인 내용을 살펴보자. 간결한 설명을 위해 펀드별 투자 목표액을 다음과 같이 설정했다.

	미국 주식 펀드	해외 주식 펀드	채권 펀드
1개월	$100	$100	$100
2개월	$200	$200	$200
3개월	$300	$300	$300
4개월	$400	$400	$400

언뜻 보면 이 기법은 매달 각 펀드에 100달러씩 투자하는 매입단가 평준화와 다르지 않은 것처럼 보인다. 그러나 그 과정은 전혀 다르다. 위의 표에 나온 금액은 '목표액'이다. 가령 미국 주식 펀드 투자액이 3개월 차에 300달러로 시작되었다고 가정하자. 한 달 동안 투자액의 가

치가 10퍼센트 하락하여 270달러가 되면 4개월 차에는 100달러가 아닌 130달러를 넣어서 400달러로 시작해야 한다. 반대로 같은 기간에 해외 주식 펀드 투자액의 가치가 10퍼센트 상승하여 330달러가 되면 70달러만 넣으면 된다.

이런 식으로 투자하면 매입단가 평준화보다 낮은 가격에 더 많이 사고, 높은 가격에 더 적게 사게 된다. 그만큼 장기 수익률은 더 높아진다. 물론 장점만 있는 것은 아니다. 가치 평준화를 하려면 매입단가 평준화보다 엄격하게 원칙을 고수해야 하지만 오랜 약세장에서는 그렇게 하기가 쉽지 않다. 이 기법에 관심 있는 사람은 『가치 평준화』를 읽어 볼 것을 권한다. 이 책에는 약세장이 지속될 때 더 높은 수익률을 얻기 위해 돈을 넣어야 할 곳과 주가의 장기 상승 경향에 따른 조절법 등이 자세하게 설명되어 있다.

네 명의 투자자, 네 가지 계획

이전에 낸 책에서 소개한 네 명의 투자자가 인기를 끌었기 때문에 이번에도 그들을 재출연시켜서 연령과 과세 여부에 따른 투자방법을 살펴보려고 한다. 그들은 미혼 여성 이본느, 비과세 대상인 샘, 일반과세 대상인 테드, 중간에 해당하는 아이다이다.[2]

미혼 여성 이본느의 사례(자산이 없으며 막 저축을 시작했음)

대부분의 젊은이는 먼 미래를 대비하는 저축의 필요성을 느끼지 못하기 때문에 투자자들 중에서 가장 큰 장애물을 넘어서야만 한다. 그들이 설령 필요성을 느낀다고 해도 소비문화가 끊임없이 유혹하기 때문에 저축할 돈이 축날 수밖에 없다.

　다행히 이본느는 일반적인 젊은이들과 달랐다. 가난한 어린 시절은 그녀의 성격에 큰 영향을 끼쳤다. 그녀는 십대 시절에 아버지가 가출하는 바람에 두 명의 어린 동생과 알콜 중독에 빠진 어머니까지 돌보아야 했다. 그녀는 최대한 아끼고 열심히 아르바이트를 하면서 야간대학 법학 학위를 따고 변호사 자격시험까지 통과했다. 초보 변호사가 된 그녀의 미래는 밝아보였다. 임대료와 생활비를 지출하고도 3천 달러를 기업연금에 저축할 수 있었다. 기업연금은 고용주 측에서도 같은 금액을 납입하기 때문에 총 납입액은 6천 달러였다.

　이본느는 최근에 친구들이 일자리를 잃는 모습을 보고 6개월 생활비에 해당하는 비상금을 모으기로 결정했다. 그러나 기업연금 납입액을 줄이고 싶지는 않았다. 그러면 공돈이나 마찬가지인 회사 납입액까지 줄어들기 때문이었다. 그래서 그녀는 휴가를 포기하고 문화생활비와 식비를 줄였다.

　우선 이본느의 자산배분부터 살펴보자. 그녀는 아직까지 주식투자 경험이 없다. 따라서 자신의 리스크 허용도를 어느 정도로 생각하든 간에 주식 비중을 50퍼센트로 제한해야 한다. 간단한 설명을 위해 그녀의 자산은 세 가지로 구성될 것이다. 그것은 미국 주식 펀드와 해외 주식 펀드 그리고 단기 채권 펀드다.

　아직까지 채권 자산군의 자산배분에 대해서는 자세하게 살피지 않았다. 일반적인 규칙은 단기채와 우량채권에 중점을 두는 것이다. 전체 포트폴리오에서 채권은 세 가지 기능을 한다. 첫째, 심각한 디플레나 인플레 발생 시 일종의 보험 역할을 한다. 둘째, 주가가 폭락할 때 매수할 수 있는 실탄 역할을 한다. 셋째, 편안하게 잘 수 있도록 하는 안정제 역할을 한다. 채권 포트폴리오에 가장 큰 위협은 인플레다. 특히 장기채가 취약하기 때문에 평균 만기를 5년 이하로 제한해야 한다.

이본느의 초기 포트폴리오는 다음과 같이 구성할 수 있다.

· 25퍼센트: 뱅가드 전체 주식시장 인덱스 펀드
· 25퍼센트: 뱅가드 전체 해외시장 인덱스 펀드
· 50퍼센트: 뱅가드 단기 채권 인덱스 펀드

표 6.4는 가치 평준화에 따른 목표액이다. 이 표대로라면 그녀는 3개월마다 1,500달러, 연 6천 달러를 투자계좌에 넣는다. 또한 분기마다 주식 펀드 투자 목표액은 375달러씩, 채권 펀드 투자 목표액은 750달러씩 늘어난다. 앞서 설명했듯이 정확하게 이 금액을 넣는 것은 아니다. 주가가 하락하면 목표액을 맞추기 위해 주식 펀드에 넣는 돈이 늘어날 것이고, 반대의 경우도 마찬가지다. 주식 펀드에서 아끼는 돈은 채권 펀드나 MMF로 들어갈 것이다.

이 표는 가치 표준화를 적용하는 하나의 사례에 불과하다. 각 뱅가드 펀드의 최소가입액은 3천 달러이기 때문에 적어도 9천 달러가 있어야 세 펀드에 가입할 수 있다. 또한 25/25/50 비율대로 자산을 배분하려면 1만 2천 달러가 있어야 한다. 따라서 그녀의 저축계획에 따르면 2년이라는 시간이 필요하다.

그녀는 시간이 지나고 돈이 더 모이면 대형 가치주 펀드나 소형 가치주 펀드 혹은 부동산 투자신탁 펀드 같은 자산군을 일부 추가할 수 있다. 그러나 이는 7, 8년 후의 일이다. 당분간은 열심히 일하고 저축하면서 최초 계획을 지키는 것이 우선이다.

	미국 주식 펀드	해외 주식 펀드	단기 채권 펀드
1/1/2010	$375	$375	$750
4/1/2010	$750	$750	$1,500
7/1/2010	$1,125	$1,125	$2,250
10/1/2010	$1,500	$1,500	$3,000
1/1/2011	$1,875	$1,875	$3,750
4/1/2011	$2,250	$2,250	$4,500
7/1/2011	$2,625	$2,625	$5,250
10/1/2011	$3,000	$3,000	$6,000
1/1/2012	$3,375	$3,375	$6,750
4/1/2012	$3,750	$3,750	$7,500
7/1/2012	$4,125	$4,125	$8,250
10/1/2012	$4,500	$4,500	$9,000

〈표 6.4〉 이본느의 가치 평준화에 따른 목표액

비과세 대상인 샘의 사례(모든 자산이 은퇴계좌에 있음)

샘은 50세의 회계사로서 4명의 자녀를 두었다. 그는 급여를 받으면 가장 먼저 개인연금부터 납입하는 것을 원칙으로 삼고 있다. 그러나 4명의 자녀를 대학까지 보내느라 아끼면서 살았는데도 6개월치 비상금 외에는 과세계좌에 별도의 저축이 없다. 거의 50만 달러에 달하는 그의 자산은 모두 은퇴계좌에 들어 있다.

이러한 상황은 양면적인 성격을 지닌다. 긍정적인 측면은 앞으로 20년에서 40년까지는 비과세 혜택을 받는다는 것이다. 이 혜택은 높은 세율을 충분히 상쇄시킨다. 또한 그는 자본소득세를 내지 않고 포트폴리오를 재조정할 수 있다. 무엇보다 이미 대다수 자산이 비과세 혜택을 받기 때문에 세금 효율을 신경 쓰지 않고 어떤 자산군이든 보유할 수 있다. 다시 말해서 일반소득세나 자본소득세가 얼마든 크게 개의치 않아도 된다.

부정적인 측면은 은퇴 후 인출할 때 많은 세금을 내야 하고, 연금을 축내는 생활을 시작해야 한다는 것이다. 또한 국가재정상황이 나쁘기 때문에 나중에 세율이 인상될 가능성이 대단히 높다. 그리고 70세 6개월이 된 때부터는 의무적으로 최소인출액을 받아야 한다.

샘은 지난 금융위기 때 며칠 동안 밤잠을 설쳤다. 그러나 심리적 공황에 빠져서 투매를 하지는 않았다. 그러니 리스크 허용도가 평균 정도는 된다고 가정하자. 2장에서 설명한 자산배분방법에 따르면 그에게 맞는 주식과 채권의 비중은 50/50이다. 이를 세분화한 사례를 들자면 다음과 같다. 마지막 MMF 외에는 모두 개인은퇴계좌로 운용하게 된다.

10퍼센트: 뱅가드 대형주 인덱스 펀드

12퍼센트: 뱅가드 가치주 인덱스 펀드

3퍼센트: 뱅가드 소형주 인덱스 펀드

8퍼센트: 뱅가드 소형 가치주 인덱스 펀드

4퍼센트: 뱅가드 부동산 투자신탁 인덱스 펀드

2퍼센트: 뱅가드 유럽 주식 인덱스 펀드

2퍼센트: 뱅가드 태평양 주식 인덱스 펀드

3퍼센트: 뱅가드 신흥시장 인덱스 펀드

3퍼센트: 아이쉐어즈 MSCI 가치주 인덱스 펀드

3퍼센트: 뱅가드 해외 소형주 인덱스 펀드(혹은 ETF)

25퍼센트: 뱅가드 단기 투자등급 채권 펀드

20퍼센트: 뱅가드 물가연동형 채권 펀드

5퍼센트: MMF

샘이 결정한 가장 어려운 일은 은퇴계좌를 종합증권사 계좌에서 옮기는 것이었다. 담당 중개인이 초등학교 시절부터 아는 사이인 데다가 같은 로타리클럽 회원이었기 때문이다. 그러나 샘은 증권사에 각종 수수료와 거래비용으로 최소한 2퍼센트를 주어야 하고, 그것이 노년까지 누적되면 적지 않은 금액이라는 사실을 알고 있었다. 다행히 기존 계좌가 이미 50/50으로 분할되어 있어서 가치 평준화를 할 필요가 없었다. 다시 말해서 원하는 자산군을 바꾸지 않고도 앞서 나온 전략으로 옮겨탈 수 있었다.

샘은 자산이 비교적 큰 편이어서 채권 자산군을 약간 추가할 여력을 가졌다. 가령 물가연동형 채권을 추가하면 고인플레 시 도움이 될 것이다.

일반과세 대상인 테드의 사례(모든 자산이 과세 계좌에 있음)

테드는 이본느처럼 힘겨운 삶을 살았다. 공공주택에서 성장한 그는 가난한 집안의 아이들이 흔히 가는 길을 걸었다. 그는 공고에 들어가 아르바이트로 학비를 댔다. 그가 한 아르바이트는 나이트클럽의 문지기였다. 이후 힘들게 돈을 모아 작은 공장을 차린 그는 부품 부족, 임금을 둘러싼 직원들과의 갈등, 끝없는 출장에 시달리면서 일주일에 80시간씩 열심히 일했다. 그 와중에 이혼도 두 번이나 겪었다. 정신없이 거의 25년을 일한 그는 신물이 나던 차에 경쟁업체에서 수백만 달러의 인수 제의가 들어오자 미련 없이 회사를 넘겼다.

한 번도 돈을 모아 본 적이 없는 그는 갑자기 거액을 손에 쥐게 되었다. 이제 어떻게 해야 할까? 세금 문제 때문에 그의 선택은 세 가지 주식 자산군으로 한정된다. 그것은 미국 대형주, 해외 대형주, 미국 소형주다.

과세 계정으로는 가치주에 투자하기가 어렵다. DFA가 소위 절세형 가치주 펀드를 제공하지만 투자상담사를 거쳐야 하기 때문에 투자가치가 떨어진다. 또한 ETF가 개방형 펀드보다 세금 측면에서 효율적이라는 말이 있지만 지난 10년 동안에 걸친 많은 유입량과 낮은 수익률 때문에 아직 본격적인 검증이 이루어지지 않았다. 다만 부동산 투자신탁의 경우 변액연금의 형태로 투자할 수 있다. 보험사에서 판매하는 변액연금은 대개 수수료가 비싸서 좋은 투자상품으로 보기 어렵다. 따라서 변액연금에 가입하려면 다음 네 가지 조건이 맞아야 한다. 첫째, 가입시 연령이 50세 미만이어야 한다. 둘째, 절세 효과가 큰 자산군에 투자해야 한다. 셋째, 비과세 계좌가 없어야 한다. 넷째, 저비용의 소극적 투자상품에 투자해야 한다. 뱅가드는 저비용으로 부동산 투자신탁 인덱스 펀드에 투자하는 변액연금을 제공한다. 테드는 캘리포니아에 산다. 그래서 그의 포트폴리오는 세율이 높은 주세와 연방세의 과세대상이다. 이 경우 채권 포트폴리오를 캘리포니아 중기 지방채 펀드, 전국 지방채 펀드, 회사채 펀드, MMF로 나누면 절세에 도움이 된다.

그러면 각 펀드를 차례로 살펴보자. 테드는 최고세율을 적용받는다. 그렇다면 채권 투자액을 비과세 대상인 캘리포니아 지방채에만 전부 투자하는 것이 좋지 않을까? 그러나 캘리포니아 주정부의 재정적자가 심각한 수준이다. 따라서 캘리포니아 지방채에 대한 투자등급 하향조정이나 지급불능사태까지 염두에 두어야 한다. 이러한 위험에 대비하려면 주식 포트폴리오와 같은 방식으로 채권 포트폴리오를 분산하는 수밖에 없다. 게다가 그가 선택한 전국 지방채 펀드인 뱅가드 기간한정 비과세 펀드는 평균 만기가 짧다. 그래서 평균 만기가 긴 캘리포니아 지방채보다 금리 인상 및 인플레의 악영향을 덜 받는다.

주로 회사채로 구성되는 단기 투자등급 채권 펀드는 주세와 연방세 과세대상이다. 그러나 세후 수익률로 따져도 지방채 펀드와 경쟁할 만 하기 때문에 채권 포트폴리오의 분산에 도움을 준다.

끝으로 현금성 자산인 MMF에 많은 비중을 할애한 이유가 무엇일 까? 나는 일반적으로 현금 대신 단기 국채를 추천하는 편이다. 그러나 현재 국채 수익률이 너무 낮아서 3, 4퍼센트 수준으로 회복하기 전까 지는 MMF에 돈을 넣는 것이 낫다. 투자금액이 적다면 CD를 고려할 수 있다. 테드는 투자금액이 연방예금보험공사에서 보증하는 25만 달 러를 훌쩍 뛰어넘기 때문에 CD는 적당하지 않다.

끝으로 주식과 채권의 비중을 결정해야 한다. 테드의 지난 삶을 돌이 켜보면 위험을 꺼리지 않는 성향임을 짐작할 수 있다. 다만 이본느처럼 투자경험이 없어서 급락장을 경험해보지 않았다는 것이 문제다. 앞서 언급한 시뮬레이션 비행과 실제 비행의 차이를 상기해보라. −25퍼센 트라는 숫자를 표로 보는 것과 계좌에서 보는 것은 천지차이다. 프레드 슈워드가 말한 대로 실제 자기 돈이 뭉터기로 날아가는 것을 보는 기분 은 경험하지 않으면 모른다.

따라서 주식투자 경험이 없다는 점을 고려하여 테드의 포트폴리오는 40/60으로 나누는 것이 좋다. 사실 그는 충분한 은퇴자금을 확보했기 때문에 굳이 과도한 위험을 무릅쓸 필요가 없다. 다음은 위와 같은 절 차를 거쳐 구성한 최종 포트폴리오다.

16퍼센트: 뱅가드 전체 주식시장 인덱스 펀드

10퍼센트: 뱅가드 절세형 소형주 펀드

8퍼센트: 뱅가드 절세형 해외 펀드

2퍼센트: 뱅가드 신흥시장 펀드

4퍼센트: 뱅가드 부동산 투자신탁(변액연금)

15퍼센트: MMF(후에 국채로 전환)

15퍼센트: 캘리포니아 중기채 비과세 펀드

15퍼센트: 기간한정 비과세 채권 펀드

15퍼센트: 단기 투자등급 채권 펀드

그러면 테드가 가진 현금으로 어떻게 이 포트폴리오를 채워야 할까? 거기에는 최소한 두 가지 방법이 있다. 첫 번째 방법은 한 번에 주식과 채권을 모두 매입하는 것이다. 현재의 주가 수준을 고려하면 이 방법이 합리적으로 보인다. 혹은 위험한 주식 자산군을 6, 7년에 걸쳐서 가치 평준화를 통해 매입할 수 있다. 두 방법을 절충하여 주식 자산군의 절반은 바로 매입하고 나머지 절반은 가치 평준화로 매입하는 것도 가능하다. 이 중 어느 방법을 선택하느냐는 그가 크게 불안감을 느끼지 않고 한 번에 쓸 수 있는 투자금액의 수준에 달려 있다.

중간에 해당하는 아이다의 사례
(자산이 과세계좌와 은퇴계좌에 나누어져 있음)

아이다의 투자 포트폴리오를 구성하는 일은 샘이나 테드의 사례보다 어렵다. 70살의 그녀는 얼마 전에 남편과 사별했다. 남편 조는 그녀에게 100만 달러의 유산을 남겼다. 이 돈은 과세계좌와 은퇴계좌에 나누어져 있다. 이외에 남편의 생명보험금도 있다.

아이다는 1973년부터 2008년까지 최소한 다섯 번의 약세장1973-1974, 1987, 1990, 2000-2002, 2008을 겪었다. 그래서 주식시장의 변동성에는 상당히 단련되어 있다. 조는 65살에 은퇴했지만 사회복지연금의 수령을 70살까지 늦추었다. 그는 사회복지연금을 수령한 지 얼마 안 되어 사망했지만 수령을 유예한 것은 현명한 선택이었다. 덕분에 아이다는 매달 3분의 1이 더 늘어난 연금을 받게 되었다. 만약 조가 62살부터 조기 수령했다면 그 금액은 거의 절반으로 줄었을 것이다. 다만 아이다가 82살까지 살아야 연금 수령을 늦춘 것이 득이 된다. 그러나 다시 파스칼의 역설을 상기해보라. 만약 아이다가 90살 넘도록 산다면 해마다 추가로 받는 8천 달러가 큰 도움이 될 것이다.

조는 여행을 즐기지 않았다. 아이다는 지금이라도 아시아와 유럽을 여행하고 싶어 한다. 그녀에게 필요한 금액은 생활비와 여행비 그리고 세금을 합쳐서 연 6만 8천 달러다. 사회복지연금이 연 3만 달러이므로 그녀는 3만 8천 달러의 추가 수입이 필요하다. 그러면 어떻게 해야 할까?

그녀는 개인은퇴계좌에 50만 달러, 현금으로 50만 달러를 갖고 있다. 일차적인 고려대상은 개인은퇴계좌에 든 50만 달러로 물가연동형 즉시연금에 가입하여 사망 시까지 연 3만 8천 달러를 받는 것이다. 물론 한 보험사에 전액을 가입하는 것이 아니라 우량한 세 보험사에 나누어서 리스크를 분산시켜야 한다. 문제는 현재 시점에서 이 방법이 그다지 좋은 생각이 아니라는 것이다.

사실상 사회복지연금과 같은 수준의 혜택을 완벽한 안전성과 함께 제공하는 개인연금은 없다. 표면적으로는 그런 연금이 있는 것처럼 보인다. 가령 많은 보험사들은 70세 부부를 대상으로 연 6퍼센트의 수익률독신은 7퍼센트을 제공하는 물가연동형 연금상품을 판매한다. 몇 년 전만해도 은퇴설계 전문가들은 여러 보험사의 연금에 가입하여 장수 리스크에 대비하는 것이 좋다고 말했다. 당시에는 누구도 보험사가 지난 금융위기 때처럼 망할 위험에 처할 것이라고 생각하지 않았다. 그러나 지난 금융위기로 인해 보험사도 완벽하게 안전하지 않다는 사실이 분명해졌다. 따라서 20년에서 40년에 이르는 오랜 시간에 걸쳐 보험사가절대 망하지 않을 것이라고 믿어서는 안 된다.

이런 점을 고려할 때 아이다에게 가장 현명한 선택은 보험사의 장기적 전망을 확실하게 파악할 수 있도록 연금 가입을 몇 년 늦추는 것이다. 그동안 연금에 가입할 돈을 고등급 단기채 펀드에 투자하면 된다.그녀가 80살이 될 무렵이면 정부가 개인연금을 보증하거나 비슷한 연금을 직접 판매할 수도 있다. 이는 생각처럼 현실성 없는 이야기가 아니다. 4세기 전에 네덜란드와 프랑스 정부는 연금 판매를 통해 재정을조달했다. 현대에 이러한 방식이 도입된다면 늘어나는 정부 부채로 인해 거대한 시장이 형성될 것이다. 무엇보다 정부는 사기업과 달리 이익을 낼 필요가 없어서 더 높은 수익률을 제공할 수 있다.

브루킹스 연구소의 은퇴연구프로젝트 책임자인 로버트 게일Robert Gale이 나에게 한 말에 따르면 지난 금융위기로 인해 투자자들은 수익률만큼이나 안전성이 중요하다는 인식을 하게 되었다. 이러한 인식 전환은연방예금보험공사 같은 기관이 보험사에서 판매하는 개인연금을 보증하는 변화로 이어질지도 모른다.[3]

80살이 될 때까지 상황이 개선되지 않더라도 그녀는 10년 동안 보험사의 파산 위험을 피할 수 있고, 약 10퍼센트에서 11퍼센트에 이르는 실질 연금 수익을 올릴 수 있다. 그녀는 리스크 허용도가 높고 전체 자산 대비 4퍼센트에 못 미치는 3만 8천 달러의 추가 수익만 얻으면 되므로 주식과 채권의 비중을 50/50으로 정하는 것이 좋다. 다음은 그녀에게 적합한 포트폴리오의 구성사례다.

10퍼센트: 뱅가드 전체 주식시장 펀드(과세)

8퍼센트: 뱅가드 가치주 인덱스 펀드(개인은퇴계좌)

3퍼센트: 뱅가드 절세형 소형주 펀드(과세)

6퍼센트: 뱅가드 소형 가치주 펀드(개인은퇴계좌)

5퍼센트: 뱅가드 부동산 투자신탁(개인은퇴계좌)

5퍼센트: 뱅가드 절세형 해외 주식 펀드(과세)

6퍼센트: 아이쉐어즈 MSCI 가치주 인덱스 펀드(개인은퇴계좌)

3퍼센트: 뱅가드 신흥시장 펀드(과세)

4퍼센트: 뱅가드 해외 소형주 인덱스 펀드(개인은퇴계좌)

20퍼센트: 뱅가드 단기 투자등급 채권 펀드(개인은퇴계좌)

15퍼센트: 뱅가드 기간한정 비과세 채권 펀드(과세)

10퍼센트: 뱅가드 오하이오 비과세 채권 펀드(과세)

5퍼센트: MMF(4퍼센트 과세, 1퍼센트 개인은퇴계좌)

이 포트폴리오가 지나치게 공격적으로 보이는가? 이 포트폴리오만 따로 놓고 보면 그렇다. 그러나 그녀는 물가상승률보다 빠르게 수익률이 상승하는 사회복지연금에서 연 3만 달러의 수익을 얻는다. 이를 환산하면 약 40만 달러의 가치를 지닌다_{3만 달러÷7퍼센트.}

사회복지연금 급여가 물가상승률에 연동되기 때문에 다른 물가연동형 상품은 그녀의 포트폴리오에 포함시키지 않았다. 사회복지연금을 일종의 채권으로 간주하면 그녀의 전체 포트폴리오는 주식 50만 달러, 채권 90만 달러가 되며 비율로는 36/64가 된다.* 끝으로 그녀는 배당금을 비상시 쓸 현금으로 확보해두어야 한다.

포트폴리오 재조정

시간이 지나면 초기에 설정한 포트폴리오의 비중은 변하기 마련이다. 2007년 12월 31일에 5만 달러씩 뱅가드 전체 주식시장 펀드와 전체 채권시장 펀드에 투자한 포트폴리오가 있다고 가정하자. 이 포트폴리오는 2008년 12월 31일이 되면 주식 펀드의 가치는 31,500달러, 채권 펀드의 가치는 52,550달러로 변할 것이다. 전체 비중을 50/50으로 재조정하려면 채권 펀드에서 10,525달러를 주식 펀드로 옮겨야 한다.

포트폴리오를 재조정하는 방법을 살펴보기 전에 세금 문제를 먼저 해결해야 한다. 포트폴리오를 재조정하는 이유는 수익률을 개선하고 위험을 줄이기 위해서다. 사실 재조정을 통한 초과 수익률은 연 1퍼센트 미만으로 그다지 크지 않으며, 그 과정에서 발생한 자본소득세를 충당하기에도 부족하다. 따라서 수익률 측면에서만 보면 과세 계좌로 운용하는 포트폴리오에서 재조정 목적으로 주식을 팔아서는 안 된다. 물

---

*이러한 방식으로 연금의 가치를 환산하여 포트폴리오에 포함시킬 때는 주의가 필요하다. 아이다의 경우 주식, 채권, 연금으로 구성된 140만 달러의 포트폴리오를 통틀어 전체 6만 8천 달러의 생활비를 마련해야 한다. 만약 3만 8천 달러의 추가 투자수익만 고려한다면 40만 달러 가치로 환산된 연금을 100만 달러의 포트폴리오에 포함시키면 안 된다. 이미 연금 급여는 고정 수익으로 잡혀 있기 때문이다.

론 매수는 상관없다. 또한 펀드에서 나오는 자본소득, 배당, 이자 등을 재조정 비용으로 사용해도 된다.

그러나 리스크를 관리하기 위하여 일정한 시점에서 포트폴리오 재조정이 필요할 수 있다. 가령 50/50으로 구성된 포트폴리오를 운용하는 과정에서 강세장이 오래 지속되면서 비중이 65/35 혹은 75/25로 변한다면 조치를 취해야 한다. 따라서 리스크 관리 측면에서 보면 주식의 비중이 10퍼센트 이상 늘어난다면 재조정을 해주는 것이 좋다.

앞서 소개한 네 명의 투자자 가운데 재조정 시 세금 문제가 가장 크게 걸리는 사람은 테드다. 샘과 이본느는 비과세 계좌로 대부분의 포트폴리오를 운용하기 때문에 전혀 신경 쓸 필요가 없다. 아이다 역시 비과세 계좌로 쉽게 포트폴리오를 재조정할 수 있다. 과세 계좌에서 일부 자산군을 팔아야 할 경우에도 비과세 계좌의 비슷한 자산군으로 대체하면 된다. 가령 과세 계좌에 포함된 대형주 인덱스 펀드를 팔아야 한다면 자본소득을 일으킬 필요 없이 가격 동향이 비슷하게 움직이는 비과세 계좌의 가치주 인덱스 펀드를 팔아서 비중을 재조정하면 된다. 반대로 과세 계좌로 대형주 인덱스 펀드를 사야 할 경우 비과세 계좌로 대체하면 다음 재조정 시 자본소득세를 물지 않고 매도할 수 있다.

그러면 포트폴리오 재조정은 얼마나 자주 해야 할까? 그 주기는 비교적 드물게 이루어져야 한다. 금융상품의 가격 변동은 완전하게 무작위적이지 않다. 1년 정도의 기간을 놓고 보면 가격은 약간의 추세를 형성하는 경향이 있다. 따라서 지난달에 평균 이상의 수익률을 보였다면 평균보다 약간 높은 확률로 다음 달에도 그렇게 될 수 있다. 물론 평균 이하의 수익률이 나온 경우에도 마찬가지다.

> 포트폴리오 재조정은 2, 3년에 한 번씩 하는 것이 좋다. 1년에 한 번씩 하는 것은 너무 잦다. 특히 과세 계좌로 운용할 경우 더욱 주기를 길게 잡아야 한다.

기간이 1년 이상 길어지면 반대의 상황이 벌어진다. 이때는 평균 회귀 경향이 작용한다. 그래서 평균 이상의 수익률을 기록한 자산군은 향후 평균 이하의 수익률을 기록하는 경향이 있다. 따라서 비과세 계좌의 경우 최선의 전략은 2, 3년 동안 가격 변동을 지켜본 후 재조정하는 것이다. 그러나 이 원칙을 고수하는 일은 결코 쉽지 않다. 특히 금융위기가 발생한 시점에서 추가로 자산을 매수하는 일은 매우 어렵다.

현재 투자자들이 직면한 가장 어려운 문제는 급락장 이후에 어떻게 대처하느냐다. 아직 포트폴리오 규모가 작은 젊은 투자자라면 크게 고민할 필요가 없다. 애초에 정한 운용 전략대로 저가에 주식을 매수하면서 적절한 주식/채권 비중을 유지하면 된다. 그러나 사회복지연금 외에 수입이 없는 은퇴자의 경우는 다르다. 포트폴리오를 재조정하려면 채권을 상당 부분 처분해야 하는데 주가가 오랫동안 회복되지 않으면 문제가 생기기 때문이다. 가령 50/50으로 구성된 100만 달러 규모의 포트폴리오를 운용하는 75세 은퇴자의 경우를 살펴보자. 주가 하락으로 포트폴리오의 비중은 34/66으로 바뀌었다. 그는 연 5만 달러를 생활비로 쓰는데 현재 보유한 채권과 이자를 감안하면 약 11년 동안 버틸 수 있다. 명백히 그는 파스칼의 역설에 직면해 있다. 향후 10년 넘게 주식 수익률이 높을 것이라는 사실이 분명하다고 해도 포트폴리오를 재조정하면 채권이 안전망을 제공하는 기간이 줄어든다. 게다가 주가가 회복될 것이라는 예상이 빗나가기라도 하면 더 많은 채권을 처분해야 한다. 그러면 재조정을 하지 않았는데 주가가 상승하는 경우보다 훨씬 심각한 대가를 치러야 한다. 따라서 포트폴리오 재조정에 보다 신중하게 접근할 필요가 있다.

끝으로 재조정 문제는 인덱스 펀드 및 패시브 펀드의 이점을 추가로 밝혀준다. 인덱스 펀드의 수익률이 저조한 것은 해당 자산군 전체의 수익률이 저조하기 때문이다. 다시 말해서 자산군의 가격이 저렴해졌다는 뜻이고, 그만큼 기대수익률은 상승한다. 따라서 안심하고 펀드를 추가 매입할 수 있다. 반면 적극적 펀드의 경우 펀드 매니저의 운용 잘못으로 수익률이 저조할 수도 있다. 그래서 추가로 매입해야 할지 확신할 수 없다. 대개 저조한 수익률은 나쁜 운과 자산군 전체의 부진에서 기인한다. 그래서 가격이나 운이 회복되려는 시점에 펀드 매니저를 해고하는 잘못된 결정을 내리는 경우가 많다. 인덱스 펀드에 가입하면 그런 고민을 할 필요가 없다.

재조정과 모멘텀 그리고 평균 회귀

3장에서 소개한 미국 대형주/부동산 투자신탁 포트폴리오와 매해 재조정을 통한 추가 수익률을 상기해보라. 나는 이 추가 수익률을 재조정 보너스라고 부른다. 더욱이 큰 재조정 보너스를 안겨주는 자산군들이 있다. 10여 년 전에 나는 귀금속주처럼 변동성이 강한 일부 자산군은 재조정시 기초자산군 내지 펀드의 수익률보다 훨씬 높은 내부수익률internal rates of return 혹은 금액가중수익률dollar weighted rate of return을 올린다는 사실을 발견했다. 그리고 이 수익률 차이를 정확하게 예측하는 공식을 만들었다. 이 공식에 관심 있는 사람은 수학자인 데이비드 윌킨슨David Wilkinson과 내가 함께 작업한 내용을 참고하기 바란다.[4]

이 공식은 마코위츠의 공식처럼 수익률과 표준편차 그리고 둘 사이의 상관도를 입력값으로 사용한다. 변동성이 크고, 상관도가 낮고, 자산군 사이의 수익률 차이가 적을수록 보너스가 늘어난다. 변동성이 크면 저가에 사서 고가에 팔 수 있다. 상관도가 낮으면 상반된 움직임을 보일 확률이 높기 때문에 재조정을 자주 하게 된다. 재조정을 통한 수익률 제고 여부에 가장 큰 영향을 미치는 변수는 자산군 사이의 수익률 차이다.

1990년부터 1999년에 걸쳐 S&P 500과 일본 주식으로 구성한 포트폴리오를 예로 들어보자. 이 기간에 S&P 500은 연 18.21퍼센트, 일본 주식은 연 −0.85퍼센트의 수익률을 기록했다. 이때 1990년 1월 1일에 두 자산군을 50/50으로 구성하고 재조정하지 않았다면 연 수익률은 12.07퍼센트가 된다. 반대로 이 포트폴리오를 매년 재조정했다면 좋은 미국 주식을 버리고 나쁜 일본 주식을 샀기 때문에 연 수익률이 9.14퍼센트에 그친다.

이 사례가 말해주듯이 재조정을 해서 손해를 볼 수도 있다. 그러면 재조정이 평균적으로 더 이득이라고 믿을 이유가 있을까? 시장의 움직임이 무작위적이라고 생각한다면 그렇게 믿을 이유가 없다. 근본적으로 재조정을 하는 이유는 향후 수익률이 과거 수익률과 다른 방향으로 움직일 거라고 믿기 때문이다.

이 믿음은 근거가 있는 것일까? 어느 정도는 그렇다. 앞서 말했듯이 투자 상품의 가격은 단기적으로 모멘텀을 형성하지만 1년이 넘는 오랜 기간에 걸쳐서는 평균으로 회귀하는 경향을 보인다. 모멘텀은 단기적으로 형성되기 때문에 많은 데이터 중에서 쉽게 통계적 증거를 확보할 수 있다. 대부분의 금융학자들은 효율적 시장 가설에 직접적인 도전을 제기하는 모멘텀이 존재한다고 생각한다.

평균 회귀 경향을 증명하는 일은 곧 재조정이 평균적으로 이득이라는 것을 증명하는 일과 같다. 그러나 단기에 형성되는 모멘텀보다 훨씬 데이터가 적기 때문에 증명하기가 어렵다. 가령 미국 주식시장을 보면 1925년 이후에만 참고할 만한 데이터가 존재한다. 그래서 5년 단위로 평균 회귀 경향을 뒷받침하는 데이터를 찾으려고 하면 16번의 기간밖에 존재하지 않는다. 기간을 중복시키는 것은 바람직하지 않기 때문이다. 그 결과 대부분의 금융학자들은 평균 회귀 경향을 믿지만 확실한 증거를 제시하기는 어렵다.[5]

위에서 설명한 시점 기준 전략 외에 비중 기준 전략도 활용할 수 있다. 그러나 이 전략은 문제점이 많다. 나는 이 전략에 대해 어리석은 주장을 펼치는 글들을 숱하게 보았다. 이 전략은 가령 목표 비중보다 3퍼센트 늘어나거나 줄어들 때 무조건 재조정하는 것이다. 그러면 비중이 3퍼센트 미만인 자산군에 대해서는 재조정이 전혀 이루어지지 않는다. 보다 세련된 전략은 비중의 절대치가 아니라 비중의 변동률을 기준으로 삼는 것이다. 가령 변동률을 20퍼센트로 잡으면 샘의 포트폴리오에서 12퍼센트의 비중을 차지하는 가치주 인덱스 펀드의 경우 비중이 9.6퍼센트로 줄거나 14.4퍼센트로 늘면 매매해야 한다.

이 전략은 세 가지 문제점을 갖는다. 첫째, 자산군 수익률은 대략 로그정규분포를 따르기 때문에 같은 폭이라 하더라도 상승과 하락의 발생확률이 대칭을 이루지 않는다. 로그정규분포에 따르면 가령 20퍼센트 상승을 상쇄시키며 발생확률이 같은 하락폭은 16.67퍼센트다. 둘째, 일부 자산군은 다른 자산군보다 변동성이 높다. 그래서 미국 대형주 펀드에 20퍼센트 기준을 적용하면 매해 한두 번은 재조정을 해야 한다. 신흥시장 주식의 경우는 더 빈번할 것이다. 셋째, 포트폴리오의 구성에 따라 재조정 빈도가 달라진다. 가령 주식으로만 구성된 포트폴리오는 자산군들이 같은 움직임을 보이기 때문에 일부 주식이 포함된 채권 포트폴리오보다 훨씬 재조정이 적을 것이다. 후자의 경우 주식 가격의 변동률이 채권 가격의 변동률보다 상대적으로 훨씬 클 것이기 때문이다.

그러면 어느 전략이 더 나을까? 사실 재조정의 혜택이 연 1퍼센트를 넘지 않기 때문에 결정은 불가능하다. 통계적으로 두 전략의 상대적 우수성을 비교하려면 수백 년 혹은 수천 년에 걸친 데이터가 필요할 것이다.

이러한 이유로 나는 초보자들의 경우 시점 기준으로 2, 3년에 한 번씩 재조정할 것을 권한다. 그래도 비중 기준 전략을 쓰고 싶다면 포트폴리오의 구성에 맞는 기준을 설정해야 한다. 비중 기준 전략은 지속적인 관리가 필요하다. 이때 재조정 빈도가 너무 잦거나 드물면 기준을 바꾸는 것이 좋다.

자녀를 위한 경제교육

자녀를 둔 젊은 부부라면 은퇴자금을 저축하는 것보다 훨씬 중요한 일이 있다. 바로 자녀의 미래를 위한 경제교육이다. 가장 시급한 일은 무분별한 소비의 위험성을 인식시키는 것이다. 어린 시절에 비싼 신발이나 옷 혹은 휴대폰을 무리해서 사주게 되면, 그 자녀는 커서도 형편에 맞지 않는 차나 집을 사게 된다. 따라서 어릴 적부터 근검절약하는 습관을 들여야 한다.

십대 자녀가 친구 부모들이 돈이 더 많은 것 같다는 이야기를 하면 그들이 더 많은 돈을 쓰고 있을 뿐이라고 분명하게 말해야 한다. 또한 그들 중 다수는 빚도 더 많을 수 있다는 점을 이야기하는 것은 교육상 괜찮다. 또한 집안일을 도우면 용돈을 주는 식으로 돈은 일을 해야 얻을 수 있는 소중한 대가라는 인식을 심어주어야 한다.

무엇보다 중요한 일은 모범을 보이는 것이다. 부모가 행동으로 모범을 보이지 않으면 아무리 말로 떠들어봐야 소용없다. 말로는 아끼면서 살아야 한다고 해놓고 매일 카드로 외식을 하고 비싼 차를 산다면 이미 경제교육은 포기한 것이나 마찬가지다.

오랫동안 개인금융에 관한 글을 쓴 조너선 클레멘츠Jonathan Clements는 두 명의 자녀를 두었다. 그는 종종 자녀를 위한 경제교육을 주제로 한 글을 「월스트리트 저널」에 싣는다. 그가 부모들에게 자주 하는 말은 아이가 원할 때마다 아무 생각 없이 10달러씩 주는 현금지급기가 되지 말라는 것이다. 다음은 이러한 부모들에게 제시하는 그의 충고다.

1. 절약할 때마다 보상하라. 가령 식당에서 콜라 대신 물을 주문할 때마다 1달러씩 주는 식이다.
2. 현금카드를 쓸 나이11살이나 12살가 되면 용돈을 계좌로 넣어주라. 그리고 중간에 돈이 다 떨어졌다고 해도 절대 더 주지 마라. 곧 잔고의 소중함을 깨닫게 될 것이다.[6]

아끼는 법을 가르쳤다면 그 다음으로 투자하는 법을 가르쳐야 한다. 10살이 되면 자녀 명의로 된 두세 개의 뮤추얼 펀드로 구성된 작은 포트폴리오를 만들어 주라. 그리고 운용보고서를 인터넷에서 출력해서 모아두도록 가르쳐라. 또한 매 분기마다 자녀와 포트폴리오에 대한 이야기를 나누는 투자회의를 가져라. 이러한 일을 잘하면 포트폴리오에서 나온 수익으로 보상하라.

> 자녀에게 줄 수 있는 최고의 유산은 현금이 아니라 절약하고 투자하는 방법이다.

자기 이름으로 포트폴리오를 가지면 관심 있게 여러 자산군의 움직임을 지켜보게 된다. 운이 나쁘면 급락장을 맞아서 몇 달 내지 몇 년에 해당하는 용돈을 잃기도 할 것이다. 그러면 이런 이야기를 들려주라.

> 전체 시장의 하락에 따른 것이라면 주식투자로 돈을 잃는 것은 괜찮다. 절대 괴로워할 필요가 없다. 이러한 일은 장기적으로 더 높은 수익을 올리기 위해 치러야 하는 대가다. 실제로 아주 유명하고 현명한 어떤 사람은 때때로 투자자는 돈을 잃을 의무가 있다고 말했다.[7)]

15년 전에 내가 처음 투자서를 쓸 때만 해도 자녀 계좌용으로 최소가입액이 낮은 펀드들을 쉽게 찾을 수 있었다. 그러나 지금은 사정이 달라졌다. 뱅가드는 거의 모든 펀드의 최소가입액을 3천 달러로 올렸다. 그래도 잘 찾아보면 최소가입액이 1천 달러로 가치주에 투자하는 오크마크Oakmark 같은 펀드들이 있다.

핵심 POINT

앞서 예로 든 네 사람의 포트폴리오는 출발점에 불과하다. 거기서 시작하여 어떤 변화를 주든 간에 절대 천편일률적인 접근법을 쓰지 마라. 투자정책을 세울 때는 다음과 같은 요소를 복합적으로 고려해야 한다.

- 얼마나 복잡한 포트폴리오를 관리할 수 있는가? 스무 가지 자산군에 투자하는 스무 개의 펀드를 관리할 수 있는 사람이 있는 반면 서너 개 이상의 펀드를 관리하기 힘들어 하는 사람도 있다. 샘의 포트폴리오를 보면 머리가 아픈가? 그렇다면 미국 주식 펀드, 해외 주식 펀드, 채권 펀드 등 세 가지 펀드만 관리하는 것이 좋다.

- 개인적으로 선호하는 자산군은 무엇인가? 물가상승률을 무서워하는 투자자라면 귀금속이나 귀금속주를 선호할 것이다. 혹은 투자자 보호수단이 미흡하고 정치가 불안한 신흥시장의 주식을 꺼리는 투자자들도 있다. 투자를 잘하려면 감정을 자제해야 하지만 걱정 때문에 밤잠을 설치는 것은 좋지 않다. 또한 장기적으로는 포트폴리오에 넣고 빼는 자산군과 그 비중이 계획을 지키는 능력보다 훨씬 중요하다.

- 상대적 박탈감을 얼마나 견딜 수 있는가? 인정하든 아니든 당신은 주위 사람들과 투자수익을 비교하게 될 것이다. 그들은 대개 포트폴리오의 상당 부분을 대형주와 성장주 위주로 구성하고 있을 것이다. 만약 당신이 소형주와 가치주 위주로 포트폴리오를 구성했다면 1990년대 말처럼 그들보다 훨씬 낮은 수익률을 견뎌야 하는 기간이 있을 것이다. 가령 1998년에 S&P 500은 28퍼센트를 넘는 수익률을 기록했다. 그러나 같은 해에 소형주와 가치주로 구성된 포트폴리오는 손실이 났을 수도 있다. 게다가 S&P 500이 37퍼센트의 손실을 기록한 2008년에 소형주, 가치주, 부동산 투자신탁, 해외주로 구성된 포트폴리오는 그보다 큰 손실을 냈다. 당신은 장기적으로 더 높은 수익을 안겨줄 거라는 희망 하에 단기적으로 상대적 박탈감을 견딜 수 있는가? 그럴 수 없다면 테드처럼 전체 주식시장 펀드에 초점을 맞춘 단순한 포트폴리오를 선택하는 게 낫다.

- 다른 형태의 자산을 금융 자산과 어떻게 조화시킬 것인가? 당신은 스

스로 깨닫지 못하는 자산을 소유하고 있을 수도 있다. 가령 경기에 대단히 민감한 가치주에 해당하는 기업에서 근무한다면 굳이 가치주에 많은 비중을 할애할 필요가 없을 것이다. 물론 다른 성격의 기업이나 직업을 가진 사람들은 선호하는 대로 투자하면 된다. 혹은 매달 생활비를 충분히 감당할 수 있는 연금을 받는다면 그만큼 많은 채권을 보유하고 있는 셈이다. 가령 사회복지연금으로 연 3만 달러를 받는다면 현재 가치로 약 40만 달러에 해당하는 채권을 보유했다고 보면 된다. 이때 당신이 약 20만 달러의 자산을 가졌다면 모두를 주식에 투자해도 무방할 것이다. 연금의 현재 가치와 자산을 60만 달러를 기준으로 잡으면 주식 비중은 33퍼센트에 불과하기 때문이다. 개인적으로 추천하는 방법은 아니지만 연금만으로 충분히 생활할 수 있다면 자산의 대부분을 주식에 투자한다고 해서 문제될 것은 없다. 실질적으로 이 투자는 후손을 위한 선물이 될 것이다.

• 포트폴리오를 전체적으로 보는 시각을 가져야 한다. 여러 자산군으로 포트폴리오를 구성하면 불가피하게 수익률이 저조한 자산군이 나오기 마련이고, 해마다 그 대상도 바뀔 것이다. 중요한 것은 포트폴리오의 전체 수익률이다.

• 자산을 어떻게 배분하든 간에 수익률이 좋은 자산군에 더 투자하고 수익률이 나쁜 자산군에 덜 투자했어야 한다는 아쉬움이 남게 되어 있다. 누구도 어떤 자산군이 더 나은 수익률을 올릴지 알 수 없기 때문에 가장 안전한 방법은 가능한 폭넓게 보유하는 것이다. 그래야만 엔론이나 리먼 같은 주식에 큰 비중을 두었다가 망하는 리스크를 피할 수 있다. 비용을 최소화하고 분산을 극대화하면 주위사람들에게 큰 수익을 자랑할 일은 없지만 손을 벌리는 일도 없을 것이다. 그것이 공정한 거래다.

Chapter 7

투자의 핵심

The Name of the Game

지난 30년 동안 권력자들은 은퇴에 대비하는 투자자들에게 부당한 거래를 강요했다. 무엇보다 과거에는 평범한 미국 노동자들에게 안정된 노후 수입을 보장했던 연금제도가 부실한 기획과 과도한 비용으로 저조한 수익률을 올릴 수밖에 없는 형편없는 투자수단으로 변질되어 버렸다. 권력자들은 일반인들이 평생 투자계획을 체계적으로 실행할 수 있는 능력을 갖추었다고 보는 것 같다. 월가의 전문가들도 숱하게 실패하는 일인데도 말이다. 앞으로 우리 사회는 이 오판의 대가를 치르게 될 것이다.

최근 이러한 문제에 대한 인식이 서서히 퍼지고 있지만 적절한 조치를 취하려면 시간이 필요할 것이다. 그때까지 이 책이 다가오는 파국을 피하는 도구들을 제공해 줄 것이다.

투자는 모두에게 대단히 중요한 문제다. 당신이 이 책에 나온 조언을 무시하고 전형적인 실수들을 반복한다면 비참한 말년을 보낼 수백만 명의 대열에 동참하게 될 것이다. 전형적인 실수란 비용을 무시하고, 인기 있는 자산군과 펀드 매니저만 쫓아다니고, 자신의 리스크 허용도를 과대평가하고, 주위사람들의 말과 뉴스에 과도한 영향을 받는 것 등을 말한다. 반면 이 책에 나온 조언을 받아들여서 비용을 최소화하면서 인덱스 펀드로 적절하게 구성된 포트폴리오를 운용한다면 적어도 비참한 말년은 피할 수 있을 것이다.

아래에 유능한 투자자가 알아야 할 핵심적인 내용들을 간추려 놓았다. 이 내용을 출력해서 눈에 잘 보이는 곳에 붙여놓고 자주 보면 도움이 될 것이다.

투자이론과 금융의 역사

※ 리스크와 보상은 불가분의 관계다. 큰 손실을 입을 리스크를 무릅쓰지 않고 높은 수익을 기대할 수 없다. 완벽한 안전을 원한다면 아주 낮은 수익에 만족해야 한다. 낮은 리스크로 높은 수익을 올릴 수 있다는 말은 사기다.

※ 1990년대의 폭등과 1930년대의 폭락처럼 때로 시장은 광란에 휩싸인다. 이러한 시기에 합리적으로 대처하려면 금융사에 대한 지식을 통해 장기적인 안목을 길러야 한다.

※ 금융사는 주식 및 채권의 리스크에 대한 일정한 지식을 제공한다. 그러나 고든 방정식을 활용하여 미래 수익률을 예측하는 능력이 더 중요하다. 고든 방정식은 주식의 경우 배당률에 배당상승률을 더하면 되고, 채권의 경우 이자율에서 파산율을 빼면 된다. 이러한 계산을 통해 비교적 정확하게 장기 수익률을 예측할 수 있다. 현재 주식의 실질 수익률은 4퍼센트에서 8퍼센트, 회사채의 실질 수익률은 2퍼센트, 국채의 실질 수익률은 특히 단기채일 경우 마이너스로 나온다.

※ 개별 종목의 차원에서 시장은 대단히 효율적이라는 사실을 잊어서는 안 된다. 개별 주식이나 채권을 사고팔 때마다 당신보다 더 똑똑하고 더 많은 정보를 가졌으며 더 열심히 일하는 사람을 상대

해야 할 가능성이 높다. 최악의 경우 최고의 애널리스트보다 회사 사정을 더 잘 아는 경영진과 경쟁할 수도 있다. 이 게임에서 이길 가능성은 당신이 스필버그가 감독하는 다음 영화에 나올 가능성만큼 낮다.

포트폴리오 이론

※ 투자자가 내려야 할 가장 기본적인 결정은 전체 포트폴리오에서 차지하는 주식과 채권의 비중에 대한 것이다. 이 비중이 리스크와 보상의 상대적인 수준을 결정한다.

※ 어떤 자산군이 최고의 수익률을 기록할지 예측할 수 없기 때문에 포트폴리오를 분산해야 한다. 급락장에서는 거의 모든 종목군의 주가가 하락하지만 장기적으로 분산을 통해 더 나은 수익률을 올릴 수 있다.

※ 중요한 것은 포트폴리오 전체의 수익률이다. 최고의 수익률이나 최저의 수익률을 내는 자산군에 과도하게 집착해서는 안 된다.

우리 안의 적

※ 투자에 있어서 우리의 적은 바로 자신이며, 가장 나쁜 죄악은 자기 과신이다. 유망 종목이나 펀드를 발굴하고, 시장의 타이밍을 찾아내는 능력이 자신에게 있다고 생각하지 마라.

※ 투자자들은 재료나 주위사람들의 감정에 지나친 영향을 받는다. 감정적 잡음을 잘 걸러낼수록 더 좋은 수익률을 올릴 수 있다. 반

대로 주위사람들을 따라 투자하면 실패할 가능성이 높다.

❊ 인간은 패턴을 추구하는 영장류다. 그러나 금융시장에서 일어나는 대부분의 사건은 무작위적 잡음이다. 존재하지 않는 패턴을 상상으로 만들어내지 마라.

금융서비스 산업의 이면

❊ 주식중개인에게 고객은 수입을 올리는 대상일 뿐이다. 그들은 고객에게 더 많은 수수료를 물리고 더 나쁜 상품을 팔아야 수입을 늘릴 수 있다. 그들이 증권사에 들어온 이유는 돈을 벌기 위해서다. 어떠한 일이 있어도 종합증권사는 이용하지 마라.

❊ 대부분의 뮤추얼 펀드도 별반 다를 것이 없다. 그들의 핵심 목표는 투자를 잘하는 것이 아니라 자산을 모으는 것이다. 이 두 가지는 완전히 다른 일이다. 따라서 가입자나 최소한 개인이 소유하는 뮤추얼 펀드를 선택해야 한다. 상장 모회사를 둔 펀드사는 피해야 한다.

투자는 지속된다

❊ 가능한 한 절약하면서 살고 가능한 한 많이, 그리고 오래 저축해야 한다. 너무 많은 저축의 대가는 너무 적은 저축의 대가에 비하면 아무 것도 아니다.

❊ 나이와 리스크 허용도에 맞게 주식과 채권의 비중을 정해야 한다.

❊ 전체 시장보다 기대수익률이 높은 소형주와 가치주에 많은 비중

을 두라. 그 정도는 각자의 상황과 성향에 맞추어야 한다.

※ 은퇴 후 매년 자산의 4퍼센트 이상을 써야 한다면 즉시연금을 심각하게 고려해야 한다. 또한 사회복지연금은 70살까지 수령을 연기하는 것이 좋다.

※ 자녀에게 경제교육을 시켜라. 자녀에게 줄 수 있는 최고의 유산은 현금이 아니라 아끼고 투자하는 방법이다.

'파스칼의 역설'이 말하는 의미를 절대로 잊지 마라. 투자의 진정한 목적은 늙어서 거부가 되는 것이 아니라 거지가 되지 않는 것이다. 사실 이 책에 담긴 조언을 따른다면 거부가 되지는 못할 것이다. 그러나 비참한 말년을 보낼 가능성을 최소화하고 편안한 말년을 보낼 가능성을 최대화할 수는 있을 것이다. 내가 아는 한 이보다 가치 있는 목적은 없다.

국내 상황을 고려한 한유망의 투자사례

– 유리자산운용 CIO 한진규

모든 행위에는 목적이 있다. 투자행위에도 목적이 있다. 저자는 투자행위의 진정한 목적은 부자가 될 확률을 극대화하는 것이 아니라 가난하게 죽을 확률을 최소화하는 것이라고 주장한다. 물론 현재 본인이 가난하다고 생각하는 투자자들은 타당한 투자목적이 아니라고 반론할 수도 있겠지만 이러한 주장은 대부분의 투자자들에게 적합한 것이라고 생각된다. 왜냐하면 투자를 고려하는 대부분의 투자자는 현재 어느 정도의 자산을 보유하고 있고, 현재는 그렇지 못하더라도 미래에는 투자 가능한 자산을 보유할 것이라는 기대 또는 가능성을 가진 경우가 대부분이기 때문이다.

특히 개인의 경우, 미래에 투자 가능한 자산을 보유할 것이라는 가능성에 대한 고려는 투자계획을 세울 때 매우 중요한 요소이나 실제로는 거의 무시되는 요소이기도 하다. 현재는 그렇지 못하지만 미래에 투자 가능한 자산을 보유할 것이라는 가능성은 모든 사람들이 보유하고 있는 인적자본(Human Capital)에서 기인한다.

인적자본이란 교육 및 훈련을 통해 축적된 지식, 기술, 창의력 등을 활용하여 미래에 창출할 근로 소득의 현재가치라고 정의할 수 있다. 즉 투자자의 총자산은 거래가 용이한 금융 자산과 거래가 용이하지 않은 인적자본으로 구성되어 있다고 할 수 있다. 경우에 따라서는 인적자본이 투자자의 총자산에서 상당 부분을 차지할 수도 있다.

예를 들어 25세 대한민국 국민으로 연봉이 3천만 원이고 향후 65세까지 매년 소비자물가 상승률만큼 연봉이 인상될 것으로 기대되는 한유망이라는 투자자를 생각해보자.

현재 그의 금융자산은 1천만 원으로 그 중 60%인 600만 원은 무위험자산인 1년만기 국공채에 나머지 40%인 400만 원은 위험자산인 종합주가지수 인덱스펀드로 구성되어 있다. 그는 매년 연봉의 20%에 해당하는 금액을 무위험자산에 60%, 위험자산에 40%로 분할하여 추가투자할 계획이다. 투자자 한유망의 투자계획은 한국, 미국, 일본 연기금의 평균적인 금융자산 구성을 반영한 것이다.

(단위: 조원, %)

	한국[1]	미국[2]	일본[2]	평균
주식	40	50	27	39
채권	50	25	62	46
부동산 및 대체 자산	10	25	11	15
주식·채권 상대 비중				
주식	44	67	30	47
채권	56	33	70	53

〈표 1〉 한국·미국·일본·연기금의 자산구성

1) 한국은 2016~2020년 국민연금 중기 자산배분안
2) 미국과 일본은 2019년기준 연기금 자산배분으로 Thinking Ahead Institute의 Global Pension Assets Study 2020 참조

이 경우, 시간이 흐름에 따라 한유망의 인적자본과 금융자산, 그 합인 총자산은 어떻게 변화할까? 우선 논의를 진행하기 전에 소득의 명목가치와 실질가치에 대해 간략히 살펴보도록 하겠다.

명목가치란 우리가 보통 이야기하는 화폐단위의 수치이다. 반면 실질가치란 화폐 1단위로 실제 우리가 물건이나 서비스를 구매하고 사용할 수 있는 정도이다. 한유망의 연봉이 3천만 원이라는 것은 소득의 명목가치를 이야기한 것이다.

만일 한유망의 연봉이 지난해에도 3천만 원이었고 현재도 3천만 원이라면 소득의 명목가치에는 변화가 없다. 하지만 그 기간 동안 소비자물가가 2% 상승했다면 한유망이 물건이나 서비스를 구매할 수 있는 정도가 2% 줄어들게 된다. 비록 명목가치는 변화가 없었지만 실질가치는 줄어들게 된 것이다. 만일 소득 증가가 물가상승률 2%만큼 이루어졌다면 소득의 실질가치가 유지되게 된다. 따라서, 위에서 한유망의 연봉이 매년 소비자물가 상승률만큼 인상된다고 가정한 것은 소득의 실질가치가 유지된다는 것을 가정한 것과 같다.

이러한 개념은 투자수익률에도 적용될 수 있다. 우리가 보통 이야기하는 주가 상승률, 이자율 등은 모두 명목수익률이다. 우리가 보통 이야기하는 이자율이 3%라는 것은 명목이자율이다. 만일 물가가 2% 상승한다면 실질이자율은 그 차이인 1%가 된다. 우리가 생활수준을 유지한다는 것은 현재 상품이나 서비스를 구매하거나 사용하는 정도를 유지한다는 실질의 개념이므로 한유망의 투자성과와 자산변화를 설명하기 위해 실질수익률을 사용하도록 하겠다.

우리나라 종합주가지수는 2000년말 504.62pt에서 2020년 말 2,873.47pt에 도달하여 20년간 연평균 9.1% 정도 상승하였다. 동기간 소비자물가는 연평균 2.3%[1] 정도 상승했으므로 종합주가지수는 연평균 6.8% 정도의 실질상승률을 기록하였다. 우리나라 채권[2]의 경우 2001년부터 2020년까지 20년간 연평균 4.9%의 명목수익률을 기록하였고 동기간 물가상승률을 고려하면 연평균 2.6% 정도의 실질수익을 실현하였다. 참고로 우리나라 가계자산의 상당 부분을 차지하는 주택가격[3]의 경우 20년간 전국주택가격은 연평균 3.7%, 수도권 주택가격은 연평균 4.4%의 명목상승률을 보였고 동기간 물가상승률을 고려하면 연평균 1.4%와 2.1%의 실질수익을 실현하였다. 이러한 결과에 기초하여 우리는 한유망의 자산변화를 살펴보는데 무위험자산의 경우에는 연 2.6%의 실질수익률을, 위험자산의 경우에는 연 6.8%의 실질수익률을 가정하도록 하겠다.

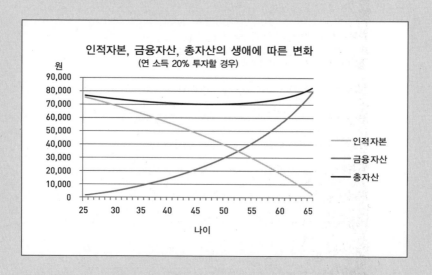

---

1) 2001년부터 2020년까지 소비자물가상승률의 평균.
2) 국내 채권가격평가기관인 KIS의 종합채권지수.
3) 한국감정원, 전국주택가격동향조사.

한유망의 경우, 25세에서 65세까지 벌어들일 근로소득의 총합을 현재의 화폐가치로 환산한 인적자본은 약 7억5천만 원 정도이다. 인적자본은 나이가 들며 은퇴 시기가 다가올수록 감소한다. 반면 금융자산은 25세에 1천만 원으로 시작했지만 꾸준한 적립과 투자성과의 누적으로 65세 은퇴 시기에는 현재의 화폐가치로 환산했을 때 약 7억9천만 원 정도까지 증가한다. 그림 〈인적자본, 금융자산, 총자산의 생애에 따른 변화〉를 보면 인적자본과 금융자산의 합인 총자산은 50세 전후를 기점으로 소폭 감소에서 증가로 전환되고 이후 축적된 금융자산 상승에 의한 복리효과로 증가폭이 커지는 것을 확인할 수 있다.

투자적립을 연 근로소득의 30%로 증가시킬 경우, 65세에 총자산은 12억 원 정도로 증가한다. 물론 연소득의 20%를 투자하는 상황에서 추가적으로 연 10% 소비지출을 줄이고 투자적립을 늘리는 것이 쉬운 일은 아니지만 40년 투자적립의 결과가 거의 1.5배 정도 차이가 난다면 실행을 심각히 고려해보는 것이 현명하다고 할 수 있겠다.

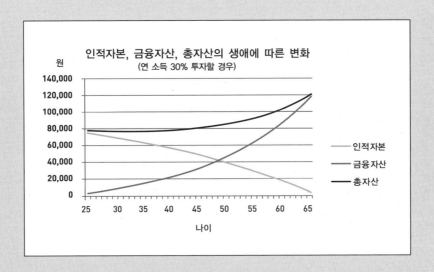

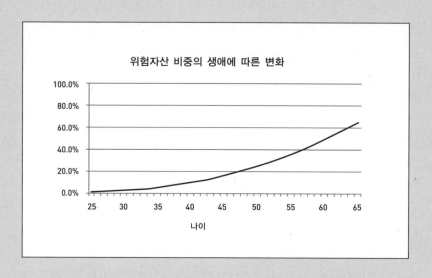

위험자산 비중의 생애에 따른 변화

앞에서 우리는 인적자본을 25세에서 65세까지 40년간 현재의 화폐 가치로 연 3천만 원을 지급하는 연금(annuity)과 같다고 가정하였다. 즉, 위험자산이 아닌 무위험자산으로 간주하였다. 물론 인적자본은 개인의 능력, 연령이나 직종 등에 따라 차이는 있겠지만 대체적으로 위험자산보다는 무위험자산에 가깝다고 볼 수 있다. 그림 〈위험자산 비중의 생애에 따른 변화〉를 보면 인적자본을 무위험자산으로 간주했을 때 연령에 따른 총자산에서의 위험자산 비중 변화를 보여준다.

우리는 앞에서 금융자산에 추가적립할 때 무위험자산 대 위험자산의 비중을 6:4로 하고, 위험자산의 실질수익률이 무위험자산의 실질수익률보다 훨씬 더 높지만 주기적인 자산비중조정을 하지 않는 것을 가정하였다. 결과적으로 금융자산 내에서의 위험자산 비중은 40% 이상에서 매우 빠른 속도로 증가할 수밖에 없다. 하지만 인적자본이 총자산에서 차지하는 비중은 상당히 오랜 기간 동안 상당 부분을 차지한다. 50세가 되었을 때에도 65세 은퇴를 가정한다면 총자산에서 인적자본이 차지하는 비중은 55% 정도이다.

인적자본을 포함한 총자산에서의 위험자산 비중은 50대 중후반이 되어서야 40%를 넘어서는 것을 확인할 수 있다. 물론 그 이후에는 인적자본이 총자산에서 차지하는 비중이 줄어들고 위험자산의 무위험자산 대비 상당히 높은 실질수익 성장률이 반영되어 65세에는 총자산에서 위험자산 비중이 64% 정도까지 상승하게 된다.

여기서 우리는 '100-나이'만큼 위험자산 비중을 유지하라는 경험법칙이 대부분 개인들에게 상당히 유용할 수도 있다는 것을 알 수 있다. '100-나이' 경험법칙을 따르게 되면 젊을수록 금융자산의 상당 부분을 위험자산으로 구성하게 되고 은퇴에 가까워질수록 금융자산 중 위험자산 비중이 줄어들게 된다. 즉, 총자산에서의 위험자산 비중이 연령에 따른 인적자본 변화를 어느 정도 고려하여 결정되게 되는 것이다.

그럼 무위험자산과 위험자산의 구성비중을 어느 정도로 유지하는 것을 목표로 하는 것이 적절할까? 이에 대한 답은 위험에 대한 허용 정도와 투자손실을 고려할 때, 명목가치의 손실을 강조할 것인지 아니면 투자수익이 물가상승에 미달할 때 발생하는 실질구매력 손실을 강조할 것인지에 따라 달라지게 된다.

실제로 각국 연기금의 자산구성을 보면 실질가치 훼손을 위험으로 생각하는 미국, 호주, 영국 등은 채권 비중보다 주식 비중이 높고, 원금손실을 위험으로 생각하는 한국, 일본, 구유럽 국가들은 주식 비중보다 채권 비중이 높아 실제 자산구성에 투자손실에 대한 관점의 차이가 반영되어 있음을 알 수 있다. 개인적으로는 일반적인 위험허용한도를 갖는 우리나라 투자자의 경우, 한유망의 예에 해당하는 6:4 정도가 적당하다고 생각한다.

위험에 대해 평균보다 좀 더 관대하다고 생각한다면 5:5, 좀 더 보수적이라고 생각한다면 7:3 정도면 적당할 것 같다. 물론 미국이나 호주 등 타지역의 경우, 이와는 차이가 나서 4:6 정도로 더 공격적인 자산구성을 일반적인 기준으로 삼는 것 같다.

어떠한 경우가 되었든 중요한 점은 실질가치 보존을 고려하여야 한다는 것이고, 결과적으로 일정 수준 이상의 위험자산을 포함한 자산구성을 기준으로 삼아야 한다는 것이다. 연령의 변화, 소득수준의 변화, 기투자 결과에 따라 위험에 대한 허용도, 투자목적 등이 달라지게 되므로 일정 기간마다 기준비중 설정을 재검토할 필요가 있다는 것도 반드시 고려할 부분이다.

이 외에 한유망의 예에서 얻을 수 있는 교훈은 무엇이 있을까? 바로 투자금액보다는 투자기간이 중요하다는 것이다. 투자의 미래가치, 즉 투자성과는 투자수익률과 투자기간에 의해 결정된다. 투자수익률이 높을수록 투자기간이 길수록 투자의 미래가치 또한 증가한다. 높은 투자수익률을 기대하고 투자를 고려할 때 주의할 점은 기대수익률은 장기간 투자를 하면 평균적으로 기대되는 수익률이라는 의미이지 매번 반드시 실현되는 수익률이 아니라는 것이다.

특히 투자수익률에 대한 기대치가 높으면 높을수록 동반하는 위험인 변동성 또한 커지게 마련이어서 초기에 위험을 충분히 고려하지 않고 투자를 할 경우 투자가 일관되게 진행되지 못할 가능성이 커질 수밖에 없다. 앞에서 보았던 기준비중을 기대수익과 위험 관점에서 사전적으로 검토하여 정하고 실행과 함께 주기적으로 재검토하는 것이 일관된 투자에 반드시 필요한 이유이다.

투자수익률과 달리 투자기간은 투자자가 결정할 수 있다. 지속적으로 수익금을 재투자할 경우, 이자에 이자가 붙는 복리효과가 발생하는데 복리효과의 결과는 언제나 상상을 초월한다. 그림 〈연 240만 원 40년 적립투자 시 누적성과〉는 장기간 투자 시 복리효과의 중요함을 단적으로 보여준다.

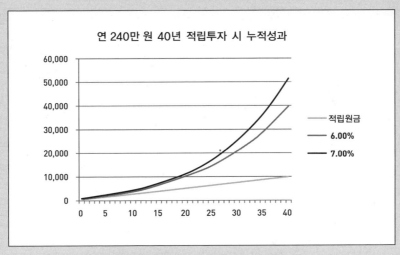

그림 〈연 240만 원 40년 적립투자 시 누적성과〉

적립원금은 4천8백만 원인데 비하여 연 수익률 6% 가정 시, 투자결과는 약 4억 원, 연 수익률 7% 가정 시, 투자결과는 약 5억 원이다. 이러한 복리효과는 앞에서 살펴보았던 한유망 사례에서 매년 실질수익률 연 2.6%인 무위험자산에 360만 원, 실질수익률 연 6.8%인 위험자산에 240만 원을 추가적립하고 처음에 가지고 있던 금융자산이 1천만 원이었음을 가정했을 때, 적립된 투자원금은 2억5천만 원에 불과하지만 40년간 적립투자한 결과는 8억 원에 달하는 이유이기도 하다. 가능한 빨리 시작해서 가능한 오래 투자하는 것이 상상 이상의 투자성과를 거둘 수 있는 방법이다.

투자의 현인이라 불리는 워렌 버핏(Warren Buffet)이 왜 "10년 못 가지고 있을 주식은 10초도 들고 있지 말라"고 했는지 충분히 공감할 수 있을 것이다. 그림 〈연 240만 원 40년 적립투자 시 누적성과〉에서 연 수익률 6% 가정 시와 연 수익률 7% 가정 시의 투자결과 차이는 투자 시 비용의 차이에서 오는 결과이다.

연 수익률 7%인 자산 투자에서 연 1% 비용이 발생했다면 비용 차감 후 수익률은 연 6%인 것이다. 연 240만 원씩 연 수익률 7% 자산에 40년 적립투자를 할 때 1% 비용이 매년 발생되었다면 그 결과는 약 1억 원 수익감소이다. 즉 비용이 없을 때에 비해 약 4분의 1정도의 수익이 감소하는 결과인 것이다. 이러한 결과는 수익뿐만 아니라 비용에도 복리효과가 적용되기 때문이다.

복리효과는 적용기간이 늘어날수록 그 영향력이 기하급수적으로 커진다는 점을 감안할 때, 투자기간이 길어질수록 기대수익을 증가시키는 것뿐만 아니라 수반비용을 줄이는 것도 투자결과를 향상시키는 데 매우 중요함을 알 수 있다. 물론 모든 투자에는 비용이 수반되게 마련이지만 불필요한 비용을 부담하는 것은 어리석은 선택이다. 이는 저자가 펀드비용이 낮은 인덱스 펀드를 활용할 것을 일관되게 강조하는 이유이기도 하다.

지금까지 기대수익과 위험을 고려하여 기준자산비중을 정하고 투자적립액과 투자기간을 정하여 일관되게 투자할 것, 그리고 가능하다면 투자비용을 줄이는 것이 중요하다는 것을 살펴보았다. 이 외에 개인투자자로서 투자계획을 수립할 때, 고려할 중요한 사항들은 무엇이 있을까? 첫 번째는 유동성이다. 유동성 관리가 중요한 이유는 흑자부도에서 찾을 수 있다.

흑자부도란 기업이 재무제표 상으로는 흑자(이익)를 기록하였지만, 유동성관리 실패로 일시적 현금 부족이 발생하여 부도를 내는 것을 이르는 말이다. 개인의 경우도 유동성 관리를 소홀히 하면 같은 상황에 처할 수 있다.

장기투자가 중요하기는 하지만 모든 자산을 즉시 유동화하기가 어려운 자산에 투자하는 것은 바람직하지 않다. 누구에게나 예상하지 못했던 유동성 요구 상황이 발생할 수 있는데 당장 사용 가능한 현금성 자산이 없다면 비싼 비용을 들여 장기간 투자하여야 할 자산을 매각할 수밖에 없다. 이러한 바람직하지 못한 상황이 발생하는 것을 방지하기 위해서는 미래에 발생할 수도 있는 유동성 요구를 가능한 고려하고 여기에 약간의 여유분을 추가하여 보통예금, MMF, CD 등 단기금융상품에 일정 부분을 할애하여야 한다. 준비가 되어 있지 않은 상황에서 발생하는 유동성 요구는 매우 치명적인 결과를 유발할 수 있음을 반드시 명심해야 할 것이다.

개인투자자가 유동성과 함께 반드시 투자계획에 반영하여야 할 부분은 수명에 관한 부분이다. 단명위험(Mortality Risk)과 장수위험(Longevity Risk)이 그것이다. 단명위험은 예상수명을 채우지 못하고 단명할 위험이다. 본인 자신보다는 배우자, 자녀들을 위해 고려해야 할 위험이다. 생명보험 등 보험상품을 통해 관리할 수 있다. 장수위험은 예상수명 이상으로 장수할 위험으로 본인에게 직접적인 영향을 미친다. 연금상품(Annuity)을 통해 위험을 관리할 수 있다.

마지막으로 강조할 점은 반드시 다양한 자산을 활용하여 분산투자를 하라는 것이다. 전통적인 자산분류에서는 현금자산, 채권, 주식, 부동산을 포함한다. 최근에는 여기에 상품(Commodities), 실물자산, 대안 투자(Alternative Investment) 등을 추가하기도 한다. 어떤 방식으로 자산을 분류하던지 투자계획을 짤 때 중요한 것은 상이한 가격 움직임을 보이는 자산들을 충분히 고려하여 투자대상에 포함하라는 것이다. 이를 위해 채권도 국공채, 회사채, 단기채, 장기채 등으로 세분할 수 있고, 주식의 경우도 대형주, 소형주, 가치주, 성장주 등으로 세분할 수 있다.

분산투자의 목적은 가능한 적은 위험으로 같은 수익률이 기대되는 투자 또는 같은 위험으로 더 높은 수익률이 기대되는 투자를 하는 데 있다. 잘 분산된 투자는 불필요한 위험을 제거한 합리적인 투자이다. 잘 분산된 투자는 장기투자를 가능하게 한다.

앞에서 살펴보았던 한유망 사례의 경우, 25세부터 65세까지 40년간을 근로소득이 발생하는 자본축적 기간으로 가정했다. 하지만 현실은 이러한 가정보다 자본축적 기간이 상당히 짧아지고 있는 추세이다. 반면에 은퇴기간은 기대수명 연장 등으로 과거에 비해 늘어나고 있는 추세이다. 이러한 현실에 대응하기 위해서는 가능한 빨리 투자를 시작해서 투자기간을 늘이고 총소득 중 투자비중도 늘여야 한다. 매우 평이한 이야기 같지만 이보다 더 나은 은퇴준비는 없는 것 같다.

끝으로 다시 한번 요약한다면 다음과 같다. 당장 투자를 시작해서 가능한 지속하라. 단 분산투자하고 비용을 아끼는 투자를 하라. 그 결과는 기대이상으로 좋을 것이다.

더 필요한 것

　책을 쓴 목적에 맞게 내용을 추리다보면 어쩔 수 없이 담지 못하는 부분들이 있다. 나는 이제 막 투자를 시작한 초보투자자들이 어려운 시장 환경에 대응할 수 있도록 돕기 위해 이 책을 썼다. 앞서 언급했듯이 투자자는 이론, 역사, 심리, 금융업에 대한 지식을 갖추어야 한다. 지금까지 이 책을 통해 필요한 기본 지식을 제공했지만 진지하게 미래를 준비하는 투자자라면 여전히 공부해야 할 내용들이 많다. 그래서 아래에 일반인들도 쉽게 이해할 수 있는 뛰어난 책들을 분야별로 소개한다.

　이론: 버튼 G. 말키엘Burton G. Malkiel이 쓴 『월가에서 배우는 랜덤워크 투자전략A Random Walk Down Wall Street』은 투자상품의 움직임을 설명하고 그에 대한 접근법을 제시한다. 현재 9판까지 나와 있으며, 새로운 판이 나올 때마다 읽을 가치가 있다.

　역사: 에드워드 챈슬러Edward Chancellor가 쓴 『금융 투기의 역사Devil Take the Hindmost』는 거품과 공황을 다룬 고전이다. 언제일지는 모르지만 앞으로 시장이 다시 이성을 잃고 위나 아래로 마구 내달릴 때 당신은 챈슬러에게 고마움을 표하게 될 것이다.

　심리: 제이슨 츠바이크Jason Zweig는 「머니Money」에서 하던 일을 그만두

고 신경경제학 분야로 뛰어들었다. 그 성과가 『머니 앤드 브레인Your Money and Your Brain』이다. 이 책은 인간의 본성이 투자에 미치는 영향을 흥미롭게 파헤친다.

금융업: 존 보글John Bogle은 금융업계와 관련된 수많은 책을 썼다. 그 중에서 대표작으로 꼽을 수 있는 책이 『뮤추얼 펀드 상식Common Sense on Mutual Funds』이다.

이 책들은 구체적인 내용을 다루는 투자지침서가 아니다. 조너선 클레멘츠가 쓴 『일반인을 위한 투자지침서The Little Book of Main Street Money』는 비슷한 주제를 다루면서도 일반투자자들을 위한 구체적인 지침을 많이 담고 있다. 채무관리, 학자금 및 노후자금 저축, 생명보험, 자녀 경제교육, 은퇴계좌 관리 등에 대하여 궁금한 점이 있다면 클레멘츠의 책을 참고하라. 끝으로 수학적 관심이 많고 마지막 장에서 소개한 가치 평준화 기법을 실행에 옮기고 싶다면 마이클 에델슨Michael Edelson이 쓴 『가치 평준화Value Averaging』가 도움이 될 것이다.

여러 번 언급했듯이 나는 주식시장과 채권시장의 향후 전망을 밝게 본다. 그러나 강제로 은퇴를 위한 투자에 내몰린 수백만 명의 미국인들이 성공적으로 그 기회를 살릴 수 있는지에 대해서는 부정적이다. 오히려 그 과정에서 일반인들의 자산이 증권사와 펀드사로 더 많이 이전되지 않을지 걱정스럽다.

여기서 소개한 책들은 은퇴계획을 망치는 리스크를 피할 수 있는 능력을 제공할 것이다. 투자는 목적지가 아니라 학습과정이라는 사실을 잊지 마라. 다행히 당신은 이 책을 통해 좋은 출발을 했다.

▲
▼
▼

감 사 의 글

▲

　어떤 저자라도 금융이론, 금융사, 투자심리, 금융업이라는 광범위한 주제에 걸친 자료를 외부 도움 없이 혼자 아우르지는 못한다. 더구나 늘그막에 글 쓰는 일에 뛰어들었다면 더욱 주위의 격려와 조언이 필요하다.

　먼저 십여 년 전부터 투자서 저술의 길을 개척하여 통찰을 제공하고 방향을 제시해 준 존 레컨탈러, 스코트 번즈, 조너선 클레멘츠에게 감사드린다. 또한 나를 비롯한 수백만 명의 사람들에게 투자세계의 작동원리를 가르쳐 준 존 보글, 투자와 관련된 뇌의 반응을 가르쳐 준 제이슨 츠바이크, 우리 회사의 동업자로서 오랜 경험을 통한 지혜와 날카로운 편집능력을 빌려준 수전 샤린에게 감사드린다.

　이밖에 아비쉐크 스리니바산과 제프 코넬은 필요한 데이터를 제공해 주었고, 웨스 네프는 출판 전 과정을 지도해 주었으며, 윌리엄 게일은 투자상품에 대한 정부 정책을 설명해 주었다. 또한 멕 프리본, 케빈 홈, 빌 펄룬, 그리고 존 와일리 앤 선즈의 편집자들은 조언과 윤문을 해주었으며, 에드 타워는 오류를 잡아주었다.

　끝으로 귀중한 시간을 원고 검토에 할애하고 부족한 문장력을 보완해주며 집필하는 동안 무심했던 남편을 이해해 준 아내, 제인 지글러에게 고마움을 전한다. 아내가 없었다면 지금의 나는 없었을 것이다.

각 주

▲ 로드맵 ▼

1. Greg Ip, "The Bull Market May Be on the Ropes, But the Bull Mentality Acts Like a Champ," Wall Street Journal(1998. 9. 14).

▲ Chapter 1 ▼

1. Sidney Homer, Richard Sylla, A History of Interest Rates(John Wiley & Sons, 2005), 17-54.
2. Roger G. Ibbotson, Gary P. Brinson, Global Investing: The Professional's Guide to the World Capital Markets(McGraw-Hill, 1993), 149.
3. Homer, Sylla, 119.
4. John Julius Norwich, A History of Venice(Alfred A. Knopf, 1982), 243-256.
5. James Grant, "Is the Medicine Worse Than the Illness?" Wall Street Journal(2008. 12. 20).

▲ Chapter 2 ▼

1. Elroy Dimson et al., Triumph of the Optimists: 101 Years of Global Investment Returns(Princeton University Press, 2002).
2. Nicholas Nassim Taleb, The Black Swan: The Impact of the Highly Improbable(Random House, 2007).
3. William J. Bernstein, Robert D. Arnott, "The Two-Percent Dilution," Financial Analysts Journal 59, no. 5(2003. 9-10): 47-55.
4. msci.com
5. Irving Fisher, The Theory of Interest(Macmillan, 1930), John B. Williams, The Theory of Investment Value(Harvard University Press, 1938). 윌리엄스가 할인 배당 모형을 만든 것으로 알려져 있고, 실제로 그가 수학적 깊이를 더한 것은 맞다. 그러나 이론의 기본적인 토대를 놓은 사람은 피셔다.
6. Robert J. Shiller, "Long-Term Perspectives on the Current Boom in Home Prices," Economists' Voice 3, no. 4(2006): 1-11.
7. Eugene F. Fama, Kenneth R. French, "The Cross-Section of Expected Stock Returns," Journal of Finance 47, no. 2(1992. 6): 427-465, Eugene F. Fama, Kenneth R. French, "Value versus Growth: The International Evidence," Journal of Finance 53, no. 6(1998. 12): 1975-1999, James L. Davis, Eugene F. Fama, Kenneth R. French, "Characteristics, Covariances, and Average Returns: 1929 to 1997," Journal of Finance 55, no. 1(2000. 2): 389-406.

8. Yahoo Finance: VFINX, DFLVX, DFSVX, VTGSX, VGSIX(2009년 3월 1일 접속).

9. David Leinweber, "Stupid Data Mining Tricks," presentation for First Quadrant Corporation, 1998.

10. Tom Lauricella, "The Stock Picker's Defeat," Wall Street Journal(2008. 12. 10), C1.

11. William J. Bernstein, The Four Pillars of Investing: Lessons for Building a Winning Portfolio(McGraw-Hill, 2002), 84-85.

12. Nassim Nicholas Taleb, Fooled by Randomness: The Hidden Role of Chance in Life and in the Markets, Second Edition(Random House, 2008).

13. John R. Graham, Campbell R. Harvey, "Grading the Performance of Market Timing Newsletters," Financial Analysts Journal 53, no. 6(1997. 11-12): 54-66.

14. John Bogle, John Bogle on Investing: The First 50 Years(McGraw-Hill, 2000), 221-269, 335-400.

15. William Schultheis, The Coffeehouse Investor: How to Build Wealth, Ignore Wall Street, and Get on with Your Life(Longstreet, 1998), 81-87.

▲ Chapter 3 ▼

1. 공식적인 출처는 없으나 일반적으로 폴 사무엘슨이 한 말로 알려져 있다.

2. Social Security Online, http://www.ssa.gov/OACT/STATS/table4c6.html(2009년 4월 1일 접속).

3. William J. Bernstein, The Four Pillars of Investing: Lessons for Building a Winning Portfolio(McGraw-Hill, 2002), 101.

4. Ronald Surz, email, 2001.

5. Charles D. Ellis, Winning the Loser's Game: Timeless Strategies for Successful Investing, Third Edition(McGraw-Hill, 1998), 101.

6. 상동.

7. Fred Schwed, Where Are the Customers' Yachts? or a Good Hard Look at Wall Street(John Wiley & Sons, 2006), 54.

8. "The Death of Equities," BusinessWeek(1979. 8. 13). http://www.fiendbear.com/deatheq.htm.

9. Harry Markowitz, "Portfolio Selection," Journal of Finance 7, no. 1(1952. 3): 77-91.

▲ Chapter 4 ▼

1. Jason Zweig, Your Money and Your Brain: How the New Science of Neuroeconomics Can Help Make You Rich(Simon and Schuster, 2007).

2. Michael Marmot, The Status Syndrome: How Social Standing Affects Our Health and Longevity(Times Books, 2004).

3. Kurt Vonnegurt, Cat's Cradle(Trade Paperbacks, 1998), 182.

4. Andrew Coors, Lawrence Speidell, "Exuberant Irrationality: Judging Financial Books by their Covers," Journal of Behavioral Finance 7, no. 4(2006): 18-192.

5. Elizabeth A. Phelps, Joseph E. LeDoux, "Contributions of the Amygdala to Emotional

Processing: From Animal Models to Human Behavior," Neuron 48, no. 2(2005. 10. 20): 175-187.

6. Baba Shive et al., "Investment Behavior and the Negative Side of Emotion," Psychological Science 16, no. 6(2005. 6): 435-439.

7. Shlomo Benzarti, Richard H. Thaler, "Myopic Loss Aversion and the Equity Premium Puzzle," Quarterly Journal of Economics 110, no. 1(1995. 1): 73-92.

8. Morgan Stanley Capital Indexes, www.mscibarra.com.

9. Philippe Jorion, William N. Goetzmann, "Global Stock Markets in the Twentieth Century," Journal of Finance 54, no. 3(1999. 6): 953-980.

10. Jeremy Siegel, Stocks for the Long Run: The Definitive Guide to Financial Market Returns & Long Term Investment Strategies(McGraw-Hill, 2007), 124-125, Bernstein, Arnott, Larry Speidell et al., "Dilution is a Drag... The Impact of Financings in Foreign Markets," Journal of Investing 14, no. 4(2005. winter): 17-22, Jay R. Ritter, "Economic Growth and Equity Returns: Conventional Wisdom is Wrong Again," working paper(2004. 11. 1), Elroy Dimson et al., Triumph of the Optimists: 101 Years of Global Investment Returns(Princeton University Press, 2002), 156.

11. Bernstein, Arnott, Speidell et al., Ritter, op. cit.

12. Brian Knutson et al., "Distributed Neural Representation of Expected Value," Journal of Neuroscience 25, no. 16(2005. 5. 11): 4806-4812, Brian Knutson et al., "Anticipation of Increasing Monetary Reward Selectively Recruits Nucleus Accumbens," Journal of Neuroscience 21, no. RC159(2001): 1-5, Patricio O'Donnell et al., "Modulation of Cell Firing in the Nucleus Accumbens," Annals of the New York Academy of Sciences 877(1999. 6. 29): 157-175.

13. Scott A. Huettel et al., "Perceiving Patterns in Random Series: Dynamic Processing of Sequence in Prefrontal Cortex," Nature Neuroscience 5, no. 5(2002. 5): 285-490. 이 논문은 눈 바로 위에 있는 전전두엽이 패턴의 파괴에 가장 강하게 반응한다는 사실을 보여준다. 가령 사건의 패턴이 A-A-A-B-A-A 식으로 주어지면 B에서 전전두엽이 즉각 반응한다.

14. Terry Odean, "What I Know About How You Invest," http://www.leggmason.com/billmiller/conference/illustrations/odean.asp(2009년 3월 15일 접속).

15. Barna Research, "Americans Describe Their Views About Life After Death,", http://www.barna.org/barna-update/article/5-barna-update/128-americans-describe-their-views-about-life-after-death(2009년 3월 15일 접속).

16. Sarah Lubman, John R. Emshwiller, "Before the Fall: Hubris and Ambition in Orange County: Robert Citron's Story," Wall Street Journal(1995. 1. 18), A1.

17. Karl Marx, Frederick Engels, Selected Works, 3 vols, bk 1(Progress Publishers, 1969), 163.

18. Niall Ferguson, The Ascent of Money: A Financial History of the World(Penguin Press, 2008): 329-330.

19. William Bernstein, The Intelligent Asset Allocator: How to Build Your Portfolio to Maximize Returns and Minimize Risk(McGraw-Hill, 2000), 18.

20. Burton Malkiel, A Random Walk Down Wall Street: The Time-Tested Strategy for Successful Investing(W. W. Norton, 2003), 24.

21. Jason Zweig, "Wall Street's Wisest Man," Money 30, no. 6(2001. 6).

▲ Chapter 5 ▼

1. John Rothchild, A Fool and His Money(Viking Press, 1988): 145-155.

2. Louis Lowenstein, The Investor's Dilemma: How Mutual Funds Are Betraying Your Trust and 3. What to Do(John Wiley & Sons, 2008), 69.

4. Jason Zweig, http://www.jasonzweig.com/documents/speeches/Serving2Masters.doc (2009년 1월 18일 접속). 츠바이크의 말에 따르면 대부분 뮤추얼 펀드사의 경영진이었던 청중의 반응은 그다지 좋지 않았다고 한다.

▲ Chapter 6 ▼

1. Michael Edleson, Value Averaging: The Safe and Easy Strategy for Higher Investment Returns(John Wiley & Sons, 2006). 나는 이 기법의 열광적인 팬이다. 그래서 이 책의 최신판 소개글까지 썼다. 그러나 저자와 저자의 현 직장인 모건 스탠리와 아무런 금전적 관계가 없음을 밝혀둔다.

2. William Bernstein, The Four Pillars of Investing: Lessons for Building a Winning Portfolio(McGraw-Hill, 2002): 265-279.

3. Robert Gale, 개인 서신

4. William Bernstein, "The Rebalancing Bonus," http://www.efficientfrontier.com/ef/996/rebal.htm, http://www.efficientfrontier.com/ef/197/rebal197.htm, http://www.efficientfrontier.com/ef/797/rebal797.htm, http://www.efficientfrontier.com/ef/100/rebal100.htm; William Bernstein, David J. Wilkinson, "Diversification, Rebalancing, and the Geometric Mean Frontier," http://papers.ssrn.com/sol3/papers.cfm?abstract_id=53503.

5. Andrew W. Lo, A. Craig MacKinlay, A Non-Random Walk Down Wall Street(Princeton University Press, 1999); Ronald Balvers et al., "Mean Reversion across National Stock Markets and Parametric Contrarian Investment Strategies," Journal of Finance 55, no. 2(2000. 4): 745-772.

6. Jonathan Clements, "Bank of Mom and Dad," Wall Street Journal, http://online.wsj.com/article/SB119764562207829505.html.

7. William Bernstein, The Intelligent Asset Allocator(McGraw-Hill, 2000), 18.

개미투자자들의 아버지 윌리엄 번스타인의
투자자 불패본능의 법칙

초판 인쇄   2021년 7월 10일
초판 발행   2021년 7월 15일

지은이   윌리엄 번스타인
옮긴이   김태훈
발행인   권윤삼
발행처   (주)연암사

등록번호   제10-2339호
주소   서울시 마포구 월드컵로 165-4
전화   02-3142-7594
팩스   02-3142-9784

ISBN 978-89-86938-88-3   03320

값은 뒤표지에 있습니다. 잘못된 책은 바꾸어드립니다.

연암사의 책은 독자가 만듭니다.
독자 여러분들의 소중한 의견을 기다립니다.

트위터   @yeonamsa
이메일   yeonamsa@gmail.com

이 도서의 국립중앙도서관 출판시도서목록(CIP)은
서지정보유통지원시스템 홈페이지(http://seoji.nl.go.kr)와
국가자료공동목록시스템(http://www.nl.go.kr/kolisnet)에서 이용하실 수 있습니다.
(CIP제어번호: CIP2011002341)